Serie Bianca Feltrinelli

Umberto Galimberti insegna Filosofia della storia e Psicologia dinamica all'Università di Venezia. Con Feltrinelli ha pubblicato anche: *Psichiatria e fenomenologia* (1979), *Il corpo* (1983), *La terra senza il male* (1984), *Gli equivoci dell'anima* (1987), *Il gioco delle opinioni* (1989), *Idee: il catalogo è questo* (1992), *Parole nomadi* (1994), *Psiche e techne. L'uomo nell'età della tecnica* (1999), *Orme del sacro* (2000, premio nazionale Corrado Alvaro 2001), *I vizi capitali e i nuovi vizi* (2003), *Le cose dell'amore* (2004), *La casa di psiche* (2005, premio Cesare De Lollis). È in corso di ripubblicazione nell'Universale Economica Saggi l'intera sua opera, e sono già usciti *Idee: il catalogo è questo*, *Gli equivoci dell'anima*, *La terra senza il male*, *Psiche e techne*, *Il corpo*, *Il gioco delle opinioni*, *Il tramonto dell'Occidente*, *Parole nomadi*, *Psichiatria e fenomenologia*, *I vizi capitali e i nuovi vizi*. È inoltre autore unico di un *Dizionario di psicologia* (Utet 1992) di oltre quattromila voci, ampliato nell'edizione Garzanti (1999).

UMBERTO GALIMBERTI
L'OSPITE INQUIETANTE
Il nichilismo e i giovani

© Giangiacomo Feltrinelli Editore Milano
Prima edizione in "Serie Bianca" ottobre 2007
Settima edizione febbraio 2008

ISBN 978-88-07-17143-7

Piano delle *Opere* di Umberto Galimberti
nell'"Universale Economica" – Saggi

volume I-III: Il tramonto dell'Occidente nella lettura
                di Heidegger e Jaspers
volume IV: Psichiatria e fenomenologia
volume V: Il corpo
volume VI: La terra senza il male. Jung: dall'inconscio al
                simbolo
volume VII: Gli equivoci dell'anima
volume VIII: Il gioco delle opinioni
volume IX: Idee: il catalogo è questo
volume X: Parole nomadi
volume XI: Paesaggi dell'anima
volume XII: Psiche e techne. L'uomo nell'età della tecnica
volume XIII: Orme del sacro. Il cristianesimo e la desacralizzazione
                del sacro
volume XIV: I vizi capitali e i nuovi vizi
volume XV: Le cose dell'amore
volume XVI: La casa di psiche. Dalla psicoanalisi alla pratica
                filosofica

Alcuni brani di questo libro riproducono in parte articoli apparsi su "Repubblica" dal 1995 al 2007. Ringrazio il direttore di "Repubblica" Ezio Mauro per avermi concesso di recuperare questi brani e integrarli nel libro.

www.feltrinelli.it
Libri in uscita, interviste, reading,
commenti e percorsi di lettura.
Aggiornamenti quotidiani

*Alla piccola Kea,
che dovrà incontrare adolescenza e giovinezza*

Nietzsche chiama il nichilismo "il più inquietante (*unheimlich*) fra tutti gli ospiti", perché ciò che esso vuole è lo spaesamento (*Heimatlosigkeit*) come tale. Per questo non serve a niente metterlo alla porta, perché ovunque, già da tempo e in modo invisibile, esso si aggira per la casa. Ciò che occorre è accorgersi di quest'ospite e guardarlo bene in faccia.

M. Heidegger, *La questione dell'essere (Sopra la linea)* (1955-1956), p. 337.

Introduzione

> Il nichilismo è alle porte: da dove ci viene costui, il più inquietante fra tutti gli ospiti?
>
> F. Nietzsche, fr. 2 (127), in *Frammenti postumi 1885-1887*.

Un libro sui giovani: perché i giovani, anche se non sempre ne sono consci, stanno male. E non per le solite crisi esistenziali che costellano la giovinezza, ma perché un ospite inquietante, il *nichilismo*, si aggira tra loro, penetra nei loro sentimenti, confonde i loro pensieri, cancella prospettive e orizzonti, fiacca la loro anima, intristisce le passioni rendendole esangui.

Le famiglie si allarmano, la scuola non sa più cosa fare, solo il mercato si interessa di loro per condurli sulle vie del divertimento e del consumo, dove ciò che si consuma non sono tanto gli oggetti che di anno in anno diventano obsoleti, ma la loro stessa vita, che più non riesce a proiettarsi in un futuro capace di far intravedere una qualche promessa. Il presente diventa un assoluto da vivere con la massima intensità, non perché questa intensità procuri gioia, ma perché promette di seppellire l'angoscia che fa la sua comparsa ogni volta che il paesaggio assume i contorni del deserto di senso.

Interrogati non sanno descrivere il loro malessere perché hanno ormai raggiunto quell'analfabetismo emotivo che non consente di riconoscere i propri sentimenti e soprattutto di chiamarli per nome. E del resto che nome dare a quel *nulla* che li pervade e che li affoga? Nel deserto della comunicazione, dove la famiglia non desta più alcun richiamo e la scuola non suscita alcun interesse, tutte le parole che invitano all'impegno e allo sguardo volto al futuro affondano in quell'inarticolato all'altezza del quale c'è solo il grido, che talvolta spezza la corazza opaca e spessa del silenzio che, massiccio, avvolge la solitudine della loro segreta depressione come stato d'animo senza tempo, governato da quell'ospite inquietante che Nietzsche chiama "nichilismo".

E perciò le parole che alla speranza alludono, le parole di tutti più o meno sincere, le parole che insistono, le parole che promettono, le parole che vogliono lenire la loro segreta sofferenza languono intorno a loro come rumore insensato.

Un po' di musica sparata nelle orecchie per cancellare tutte le parole, un po' di droga per anestetizzare il dolore o per provare una qualche emozione, tanta solitudine tipica di quell'individualismo esasperato, sconosciuto alle generazioni precedenti, indotto dalla persuasione che – stante l'inaridimento di tutti i legami affettivi – non ci si salva se non da soli, magari attaccandosi, nel deserto dei valori, a quell'unico generatore simbolico di tutti i valori che nella nostra cultura si chiama denaro.

Va da sé che quando il disagio non è del singolo individuo, ma l'individuo è solo la vittima di una diffusa mancanza di prospettive e di progetti, se non addirittura di sensi e di legami affettivi, come accade nella nostra cultura, è ovvio che risultano inefficaci le cure farmacologiche cui oggi si ricorre fin dalla prima infanzia o quelle psicoterapiche che curano le sofferenze che originano nel singolo individuo.

E questo perché se l'uomo, come dice Goethe, è un essere volto alla costruzione di senso (*Sinngebung*), nel deserto dell'insensatezza che l'atmosfera nichilista del nostro tempo diffonde il disagio non è più *psicologico*, ma *culturale*. E allora è sulla cultura collettiva e non sulla sofferenza individuale che bisogna agire, perché questa sofferenza non è la causa, ma la conseguenza di un'implosione culturale di cui i giovani, parcheggiati nelle scuole, nelle università, nei master, nel precariato, sono le prime vittime.

E che dire di una società che non impiega il massimo della sua forza biologica, quella che i giovani esprimono dai quindici ai trent'anni, progettando, ideando, generando, se appena si profila loro una meta realistica, una prospettiva credibile, una speranza in grado di attivare quella forza che essi sentono dentro di loro e poi fanno implodere anticipando la delusione per non vedersela di fronte?

Non è in questo prescindere dai giovani il vero segno del tramonto della nostra cultura? Un segno ben più minaccioso dell'avanzare degli integralismi di altre culture, dell'efficientismo sfrenato di popoli che si affacciano nella nostra storia e con la nostra si coniugano, avendo rinunciato a tutti i valori che non si riducano al valore del denaro.

Se il disagio giovanile non ha origine psicologica ma culturale, inefficaci appaiono i rimedi elaborati dalla nostra cultura, sia nella versione religiosa perché Dio è davvero morto, sia nella versione illuminista perché non sembra che la ragione sia oggi il regolatore dei rapporti tra gli uomini, se non in quella formula ridotta della "ragione strumentale" che garantisce il progresso tecnico, ma non un ampliamento dell'orizzonte di senso per la latitanza del pensiero e l'aridità del sentimento.

Le pagine di questo libro non indicano un rimedio di facile e immediata attuazione. E già questa ammissione di impotenza la dice lunga sulla natura del disagio che, lo ripeto, non è *esistenziale* ma *culturale*. Ho ritenuto comunque che andassero scritte se non altro per far piazza pulita di tutti i rimedi escogitati senza aver intercettato la vera natura del disagio dei nostri giovani che, nell'atmosfera nichilista che li avvolge, non si interrogano più sul senso della sofferenza propria o altrui, come l'umanità ha sempre fatto, ma – e questa, come ci ricorda Günther Anders, è un'enorme differenza – sul *significato stesso della loro esistenza*, che non appare loro priva di senso perché costellata dalla sofferenza, ma al contrario appare insopportabile perché priva di senso. La negatività che il nichilismo diffonde, infatti, non investe la sofferenza che, con gradazioni diverse, accompagna ogni esistenza e intorno a cui si affollano le pratiche d'aiuto, ma più radicalmente la sottile percezione dell'insensatezza del proprio esistere.

E se il rimedio fosse altrove? Non nella ricerca esasperata di senso come vuole la tradizione giudaico-cristiana, ma nel riconoscimento di quello che ciascuno di noi propriamente è, quindi della propria virtù, della propria capacità, o, per dirla in greco, del proprio *daímon* che, quando trova la sua realizzazione, approda alla felicità, in greco *eu-daimonía*?

In questo caso il nichilismo, pur nella desertificazione di senso che porta con sé, può segnalare che a giustificare l'esistenza non è tanto il reperimento di un senso vagheggiato più dal desiderio (talvolta illimitato) che dalle nostre effettive capacità, quanto l'arte del vivere (*téchne toū bíou*) come dicevano i Greci, che consiste nel riconoscere le proprie capacità (*gnōthi seautón*, conosci te stesso) e nell'esplicitarle e vederle fiorire secondo misura (*katà métron*).

Questo spostamento dalla cultura cristiana a quella greca potrebbe indurre nei giovani quella gioiosa curiosità di scoprire se stessi e trovar senso in questa scoperta che, adeguatamente sostenuta e coltivata, può approdare a quell'espansione della vita a cui per natura tende la giovinezza e la sua potenza creativa.

Se proprio attraversando e oltrepassando il nichilismo i giovani sapessero operare questo spostamento di prospettiva capace di farli incuriosire di sé, l'"ospite inquietante" non sarebbe passato invano.

1.
Il nichilismo e la svalutazione di tutti i valori

> *Nichilismo*: manca il fine; manca la risposta al "perché?". Che cosa significa nichilismo? – *che i valori supremi perdono ogni valore.*
>
> F. Nietzsche, fr. 9 (35), in *Frammenti postumi 1887-1888*.

1. *Il decentramento dell'universo*

Gli uomini non hanno mai abitato il mondo, ma sempre e solo la descrizione che di volta in volta il mito, la religione, la filosofia, la scienza hanno dato del mondo. Una descrizione attraverso parole stabili, collocate ai confini dell'universo per la sua delimitazione e all'interno dell'universo per la sua articolazione. Tra "le cose di lassù" e "le cose di quaggiù", come voleva la geografia di Platone, la più dicente, la più descrittiva, era possibile riconoscere quella gerarchia di stabilità che consentiva di orientarsi tra il vero e il falso, il giusto e l'ingiusto, il pregevole e lo spregevole. L'ordine delle idee tracciava un itinerario ascensionale che dalla terra portava al cielo, e il cammino aveva una direzione, un senso, un fine. Nella realizzazione del fine c'era promessa di salvezza e verità.

Un giorno la filosofia greca incontrò l'annuncio giudaico-cristiano che parlava di una terra promessa e di una patria ultima. L'anima che Platone aveva ideato si trovò orientata a una meta e prese a vivere l'inquietudine dell'attesa e del tempo che la separava dalla meta. Un tempo non più descritto come ciclica ripetizione dell'evento cosmico, ma come irradiazione di un senso che trasfigurò l'accadere degli eventi in *storia*, dove alla fine si sarebbe compiuto ciò che all'inizio era stato annunciato.

Ma anche questa cosmologia e questa temporalità non tardarono a vacillare e con esse tutte quelle idee che ne segnavano la scansione. Annunciando che era la terra a ruotare intorno al sole, a sua volta lanciato in una corsa senza meta, la scienza consegnò una nuova descrizione del mondo, in cui si riconosceva il carattere relativo di ogni movimento e di ogni posizione nello spazio, che a sua volta andava sempre più a confondersi con il tempo, fino a togliere al linguaggio della filosofia e della religione tutte le idee normative che dicevano orientamento e stabilità.

La conseguenza fu il decentramento dell'universo. La nuova descrizione implicava ancora le antiche parole, ma queste, nell'indicare le cose, non designavano più la loro essenza, ma solo la loro relazione. Senza più né "alto" né "basso", né "dentro" né "fuori", né "lontano" né "vicino", l'universo perse il suo ordine, la sua finalità e la sua gerarchia per offrirsi all'uomo come pura macchina indagabile con gli strumenti della ragione fatta calcolo. Questa dischiuse lo scenario artificiale e potente della tecnica, in cui l'uomo scoprì la sua essenza rimasta a lungo nascosta e resa inconoscibile dalla descrizione mitica del mondo.

Da terra-madre la terra divenne materia indifferente, il cielo cedette la mitologia delle stelle alla polvere cosmica, e l'anima dell'uomo, congedatasi da ogni orizzonte di senso, prese a vagare in compagnia di quello che Nietzsche chiama "il più inquietante fra tutti gli ospiti: il *nichilismo*",[1] in cui riconosciamo la cadenza del nostro attuale pensare e disorientato sentire.

---

[1] F. Nietzsche, *Nachgelassene Fragmente 1885-1887*; tr. it. *Frammenti postumi 1885-1887*, in *Opere*, Adelphi, Milano 1975, vol. VIII, 1, fr. 2 (127), p. 112: "Il nichilismo è alle porte: da dove ci viene costui, il più inquietante fra tutti gli ospiti?".

2. Il disincanto del mondo

Il nichilismo è un'antica figura, perché intorno all'essere e al nulla si è aperto il grande scenario della filosofia che, a differenza della religione e della scienza, non si è assestata sul positivo atteso o realizzato, ma in quel frammezzo tra positivo e negativo, tra essere e nulla, in cui la decisione si fa più drammatica e più vertiginosa la scelta di campo. Una scelta, infatti, che non è tra questo o quell'ente, tra Dio o il mondo, ma tra il senso della totalità dell'essere e la sua implosione.

Da Gorgia – per il quale "nulla è; se anche fosse, non sarebbe conoscibile; se anche fosse conoscibile, non sarebbe comunicabile"[2] – a Heidegger – per il quale "che ne è dell'essere? Dell'essere ne è nulla! E se proprio qui si rivelasse l'essenza del nichilismo finora rimasta nascosta?"[3] –, per l'intero arco della storia della filosofia, l'ospite inquietante ha fatto sentire la sua presenza, ma solo oggi, solo nel nostro tempo, questa presenza è divenuta clima della terra, spaesamento di tutti i paesaggi che gli uomini nella loro storia hanno di volta in volta faticosamente costruito per abitare la terra. Ma perché proprio oggi? Perché, scrive Franco Volpi:

> Oggi i riferimenti tradizionali – i miti, gli dèi, le trascendenze, i valori – sono stati erosi dal disincanto del mondo. La razionalizzazione scientifico-tecnica ha prodotto l'indecidibilità delle scelte ultime sul piano della sola ragione. Il risultato è il politeismo dei valori e l'isostenia delle decisioni, la stessa stupidità delle prescrizioni e la stessa inutilità delle proibizioni. Nel mondo governato dalla scienza e dalla tecnica l'efficacia degli imperativi morali sembra pari a quella dei freni di bicicletta montati su un jumbo. Sotto la calotta d'acciaio del nichilismo non v'è più virtù o morale possibile.[4]

---

[2] Gorgia, *Del non essere o della natura*, in Diels-Kranz, *Die Fragmente der Vorsokratiker* (1966); tr. it. *I presocratici. Testimonianze e frammenti*, Laterza, Bari 1983, fr. B 3, p. 917.
[3] M. Heidegger, *Einführung in die Metaphysik* (1935-1953); tr. it. *Introduzione alla metafisica*, Mursia, Milano 1968, p. 207.
[4] F. Volpi, *Il nichilismo*, Laterza, Bari 2004, pp. 175-176.

Il paradigma tecnico-scientifico, infatti, non si propone alcun fine da realizzare, ma solo dei risultati da raggiungere come esiti delle sue procedure. Questa abolizione dei fini destituisce, fin dalle sue fondamenta, ogni possibile ricerca di senso per quel tipo d'uomo, l'occidentale, cresciuto nella "cultura del senso" secondo la quale la vita è vivibile solo se inscritta in un orizzonte di senso.

A questo tipo di domanda la tecnica non risponde, perché la categoria del senso non appartiene alle sue competenze. Ma siccome oggi la tecnica è diventata la forma del mondo, l'ultimo orizzonte al di là di tutti gli orizzonti, le domande intorno al senso vagano affannose e senza risposta in una terra ormai abbandonata dal suo cielo che ospita l'evento umano come qualsiasi altro evento.[5]

3. Il tramonto della cultura occidentale

L'indifferenza della terra, questo grido dell'antica gnosi,[6] torna oggi nella forma del nichilismo a ribadire l'estraneità dell'evento umano che la terra ospita a sua insaputa e a cui invia solo un messaggio di insignificanza. Nietzsche, buon testimone di questa atmosfera, scrive:

> Vidi una grande tristezza invadere gli uomini. I migliori si stancarono del loro lavoro. Una dottrina apparve, una fede le si affiancò: tutto è vuoto, tutto è uguale, tutto fu! Abbiamo fatto il raccolto: ma perché tutti i nostri frutti si corrompono? Che cosa è accaduto quaggiù la notte scorsa dalla luna malvagia? Tutto il nostro lavoro è stato vano, il nostro vino è divenuto veleno, il malocchio ha disseccato i nostri campi e i nostri cuori. Aridi siamo divenuti noi tutti. [...] Tutte le fonti sono esauste, anche il mare si è ritirato. Tutto il

---

[5] Per un approfondimento di questa tematica si veda U. GALIMBERTI, *Psiche e techne. L'uomo nell'età della tecnica*, Feltrinelli, Milano 1999, capitolo 54: "Il totalitarismo della tecnica e l'implosione del senso".

[6] Si veda a questo proposito U. GALIMBERTI, *La terra senza il male. Jung dall'inconscio al simbolo* (1984), Feltrinelli, Milano 2001, capitolo 11: "La metafora gnostica".

suolo si fenderà, ma l'abisso non inghiottirà! Ah, dov'è mai ancora un mare dove si possa annegare: così risuona il nostro lamento sulle piatte paludi.[7]

La tristezza che invade è la tristezza del tramonto, quando il sole cede il posto a una luna che è malvagia perché giunge a concludere un giorno in cui il lavoro è stato vano, perché la terra si è disseccata, i frutti non hanno risposto alle attese, le fonti si sono prosciugate e nessun abisso si è dischiuso a inghiottire l'uomo, che dunque resta testimone dell'aridità della terra, del niente che ne è nato.

Il nichilismo conclude la "terra della sera" e custodisce il senso del tramonto.[8] Nietzsche, infatti, concepisce l'uomo moderno e il suo tempo come una fine, la fine del movimento morale e spirituale di più di duemila anni, la fine della metafisica e del cristianesimo, la fine di ogni giudizio di valore. E perciò alla domanda: "Che cosa significa nichilismo?" risponde: "Che i valori supremi perdono ogni valore".[9]

A parere di Heidegger il nichilismo denunciato da Nietzsche non è un evento casuale, un fatto storico che poteva anche non accadere, ma è "il processo fondamentale della storia dell'Occidente, e l'interna logica di questa storia".[10] Per questo l'annuncio nichilista di Nietzsche, connesso all'annuncio della morte di Dio, non è determinato da un'insana mania di profanazione. Nietzsche non è Erostrato che, per una perversa smania di gloria, incenerì il tempio di Diana a Efeso. Per Nietzsche l'epoca finisce

---

[7] F. NIETZSCHE, *Also sprach Zarathustra. Ein Buch für Alle und Keinen* (1883-1885); tr. it. *Così parlò Zarathustra. Un libro per tutti e per nessuno*, in *Opere*, cit., 1968, vol. VI, 1, p. 175.

[8] Si veda a questo proposito di U. GALIMBERTI, *Il tramonto dell'Occidente nella lettura di Heidegger e Jaspers* (1975-1984), Feltrinelli, Milano 2005 e in particolare la Parte XIII: "L'essenza del nichilismo e il senso del tramonto".

[9] F. NIETZSCHE, *Nachgelassene Fragmente 1887-1888*; tr. it. *Frammenti postumi 1887-1888*, in *Opere*, cit., 1971, vol. VIII, 2, fr. 9 (35), p. 12.

[10] M. HEIDEGGER, *Nietzsche* (1936-1946, 1961); tr. it. *Nietzsche*, Adelphi, Milano 1994, p. 564.

perché non crede più in ciò che l'aveva promossa e per secoli animata. Infatti:

> L'uomo moderno crede sperimentalmente ora a questo ora a quel *valore*, per poi lasciarlo cadere. Il circolo dei valori superati e lasciati cadere è sempre più vasto. Si avverte sempre più il *vuoto* e la *povertà di valore*. Il movimento è inarrestabile, sebbene si sia tentato in grande stile di rallentarlo. Alla fine l'uomo osa una critica dei valori in generale; ne *riconosce* l'origine, *conosce* abbastanza per non credere più in nessun valore; ecco il *pathos*, il nuovo brivido. Quella che racconto è la storia dei prossimi due secoli.[11]

4. La razionalità della tecnica e l'implosione del senso

A dare il nome all'ospite inquietante è stato lo scrittore russo Ivan Sergeevič Turgenev (1818-1883), a partire dal quale il nichilismo si è fatto strada nel Romanticismo e nell'Idealismo, ha contaminato il pensiero sociale e politico francese e tedesco, ha animato l'anarchismo e il populismo del pensiero russo, ha proclamato la morte di Dio con Nietzsche, aprendo quella cultura della crisi connotata da relativismo, scetticismo e disincanto.

Si è fatto evento estetico e letterario, per poi diventare sigillo della storia dell'essere con Heidegger, Junger e Severino. Ha permeato di sé l'esistenzialismo di Sartre, la teologia politica di Carl Schmitt, fino ad annunciare la fine della storia con Kojève e Gehlen per l'avvenuto incontro fra l'ospite inquietante, il *nichilismo*, e quell'impassibile convitato di pietra che è la *tecnica*, la quale, con la sua fredda razionalità, relativizza e relega sullo sfondo tutte le simboliche e le immagini che l'uomo si era fatto di sé per orientarsi nel mondo e dominarlo.

La tecnica, infatti, è entrata in profondo conflitto con il primato che l'uomo aveva assegnato a se stesso nella storia dell'essere. E in verità, nell'assuefazione con cui utilizziamo strumenti e servizi che riducono lo spazio, velociz-

---

[11] F. Nietzsche, *Frammenti postumi 1887-1888*, cit., fr. 11 (119), p. 266.

zano il tempo, leniscono il dolore, vanificano le norme su cui sono state scalpellate tutte le morali, rischiamo di non chiederci se il nostro modo di essere uomini non sia troppo antico per abitare l'età della tecnica che non noi, ma l'astrazione della nostra mente ha creato, obbligandoci, con un'obbligazione più forte di quella sancita da tutte le morali che nella storia sono state scritte, a entrarvi e a prendervi parte.

In questo inserimento rapido e ineluttabile portiamo ancora in noi i tratti dell'uomo pre-tecnologico che agiva in vista di scopi inscritti in un orizzonte di senso, con un bagaglio di idee proprie e un corredo di sentimenti in cui si riconosceva. L'età della tecnica ha abolito questo scenario *umanistico*, e le domande di senso restano inevase non perché la tecnica non è ancora abbastanza perfezionata, ma perché non rientra fra le sue competenze trovar risposte a simili domande.

La tecnica, infatti, non tende a uno scopo, non promuove un senso, non apre scenari di salvezza, non redime, non svela la verità: la tecnica *funziona*. E siccome il suo funzionamento diventa planetario, finiscono sullo sfondo, incerti nei loro contorni corrosi dal nichilismo, i concetti di individuo, identità, libertà, salvezza, verità, senso, scopo, ma anche quelli di natura, etica, politica, religione, storia di cui si era nutrita l'età pre-tecnologica, e che ora, nell'età della tecnica, dovranno essere riconsiderati, dismessi, o rifondati dalle radici.[12]

Nata con i Greci per emancipare l'uomo dall'oscurantismo delle credenze infondate, la ragione si era imposta sulle favole dei miti, sull'approssimazione delle opinioni diffuse, sull'infondatezza delle fedi, sul nichilismo degli scettici. In seguito, perfezionandosi, si è contratta nella razionalità tecnico-scientifica che non promuove altro senso se non il proprio potenziamento afinalizzato. E così,

---

[12] Si veda a questo proposito U. GALIMBERTI, *Psiche e techne. L'uomo nell'età della tecnica*, cit., e in particolare la Parte VI: "Sociologia della tecnica: le grandi ideazioni" e la Parte VII: "Antropologia della tecnica: i segni del futuro".

in un orizzonte desertificato dove ogni fine ha la consistenza di un ingannevole miraggio, mancano la direzione, il senso, lo scopo.

5. Le malattie dello spirito

Come ci ricorda il filosofo rumeno Costantin Noica,[13] un giorno anche le *stelle* si sono ammalate. Dopo aver vegliato su un mondo inferiore alle aspettative, alcune di loro si sono ritirate diventando stelle oziose, altre invece si sono immischiate troppo nelle vicende umane mettendo definitivamente a rischio la loro natura celeste, altre infine si sono date troppe determinazioni diventando più rispondenti ai calcoli degli astronomi che agli dèi. Le stelle si sono ammalate.

Anche il *cielo* è malato. Gli antichi credevano nell'incorruttibilità delle sfere celesti, così come credevano nell'incorruttibilità divina. Ma il cannocchiale di Galileo venne a mostrare le imperfezioni della luna che i suoi contemporanei non volevano vedere. Oggi si è giunti a identificare delle malattie galattiche. Nel cosmo è nascosto un tarlo.

Anche la *luce* è malata. Goethe credeva ancora nella sua perfezione, e perciò protestava con Newton che la considerava una mescolanza di sette colori e quindi impura. Poi la luce venne misurata nella sua velocità di trasmissione e si scoprì che è fessurata internamente, essendo insieme corpuscolo e onda. Troppe malattie in un semplice raggio di luce.

Anche il *tempo* è malato. Il tempo assoluto, omogeneo, uniforme si è rivelato meno maestoso dal momento che è divenuto semplice tempo locale, tempo solidale con lo *spazio*, che a sua volta si è ridotto a semplice coesistenza delle cose, talvolta a realtà regionale con limiti ai confini.

Anche la *vita* è malata con le approssimazioni e le in-

---

[13] C. Noica, *Şase maledii ale spiritului contemporan* (1978); tr. it. *Sei malattie dello spirito*, il Mulino, Bologna 1993.

certezze segnalate dalla biologia contemporanea, per la quale la vita è una semplice tumefazione della materia, un caso trasformato in necessità.

Malato è anche il *lógos* frantumato in lingue regionali quando dovrebbe portare con sé, come dice il suo nome, l'unità della ragione. Ma se tutte le grandi entità sono malate e se la cultura viene a mostrare le loro malattie come costituzionali, con che occhi possiamo guardare ancora il cielo?

Fu così che la lettura del cielo, la sua regola, la sua norma, la sua misura sprofondò nell'inconscio degli uomini e si mescolò nelle trame confuse dell'irrazionale, per riemergere come assillo quotidiano circa il senso del tempo e la sorte futura. Ma oggi non siamo più all'altezza dell'antico paesaggio, non ne individuiamo più i contorni, i pieni, i vuoti, i volumi di senso, perché non conosciamo più il cielo che le parole degli antichi descrivevano come una volta che abbraccia il mondo, e tantomeno l'anima universale nel suo dibattersi tra il cielo e la terra. Oggi conosciamo solo anime individuali, rese asfittiche dall'incapacità di correlare la loro sofferenza quotidiana con il dolore del mondo.

Un volume di senso, quello che gli antichi riferivano alla volta celeste, è stato spazzato via dalle scienze psicologiche che, delimitando il campo alla semplice descrizione dei processi psichici individuali o alla problematica normalizzazione dei comportamenti, hanno eluso la domanda di fondo che percorreva l'anima del mondo nel suo dibattersi tra spirito e materia, dove restava indecidibile se l'uomo fosse l'autore di una *storia* con tutto il ventaglio delle sue creazioni o semplicemente l'esecutore di un *destino* già scritto nello spessore della materia.

Per questo scrutiamo le stelle, ma ormai con quell'occhio obliquo che vuol piegare il loro corso alla buona riuscita dei nostri progetti. Perdita della misura e dell'innocenza dello sguardo, che si muove in uno spazio che non è garantito neppure dall'aristotelico "cielo delle stelle fisse", perché anche questo cielo è tramontato per noi.

2.
L'epoca delle passioni tristi

> Cosa succede quando la crisi non è più l'eccezione alla regola, ma essa stessa regola nella nostra società?
>
> M. BENASAYAG, G. SCHMIT, *L'epoca delle passioni tristi* (2003), p. 13.

1. *Il futuro come promessa*

Quali sono le ricadute del nichilismo soprattutto sulla condizione giovanile? A rispondere sono un filosofo e psicoanalista argentino, Miguel Benasayag, che vive da molti anni a Parigi, e un professore di psichiatria infantile e dell'adolescenza, Gérard Schmit, che insegna all'Università di Reims.[1]

I due studiosi hanno posto sotto osservazione i servizi di consulenza psicologica e psichiatrica diffusi in Francia e si sono accorti che a frequentarli, per la gran parte, sono persone le cui sofferenze non hanno una vera e propria origine psicologica, ma riflettono la tristezza diffusa che caratterizza la nostra società contemporanea, percorsa da un sentimento permanente di insicurezza e di precarietà.

Quali "tecnici della sofferenza" si sono sentiti impreparati ad affrontare problemi che non fossero di natura psicopatologica. E invece di adagiarsi tranquillamente sui farmaci a loro disposizione per curare il disordine molecolare e così stabilizzare la crisi, si sono messi a studiare e a pensare il senso che si nasconde nel cuore del sintomo, quando la crisi non è tanto del *singolo* quanto il riflesso

---

[1] M. BENASAYAG, G. SCHMIT, *Les passions tristes. Souffrance psychique et crise sociale* (2003); tr. it. *L'epoca delle passioni tristi*, Feltrinelli, Milano 2004.

nel singolo della *crisi della società*, che, senza preavviso, fa il suo ingresso nei centri di consulenza psicologica e psichiatrica, lasciando gli operatori disarmati.
In che cosa consiste questa crisi? In un cambiamento di segno del futuro: dal *futuro-promessa* al *futuro-minaccia*. E siccome la psiche è sana quando è aperta al futuro (a differenza della psiche depressa tutta raccolta nel passato, e della psiche maniacale tutta concentrata sul presente), quando il futuro chiude le sue porte o, se le apre, è solo per offrirsi come incertezza, precarietà, insicurezza, inquietudine, allora, come dice Heidegger, "il terribile è già accaduto",[2] perché le iniziative si spengono, le speranze appaiono vuote, la demotivazione cresce, l'energia vitale implode.

Per i due studiosi tutto ciò è cominciato con la "morte di Dio" annunciata da Nietzsche[3] che ha segnato la fine dell'ottimismo teologico che visualizzava il passato come male, il presente come redenzione, il futuro come salvezza. La morte di Dio non ha lasciato solo orfani, ma anche eredi. La scienza, l'utopia e la rivoluzione hanno proseguito, in forma laicizzata, questa visione ottimistica della storia, dove la triade colpa, redenzione, salvezza trovava la sua riformulazione in quell'omologa prospettiva dove il passato appare come male, la scienza o la rivoluzione come redenzione, il progresso (scientifico o sociologico) come salvezza.[4]

Il positivismo di fine Ottocento, infatti, era animato da una sorta di messianesimo scientifico, che assicurava un domani luminoso e felice grazie ai progressi della scienza. Sul versante sociologico Marx evidenziava le contraddizioni del capitalismo in vista di una radicale trasformazio-

---

[2] M. Heidegger, *Das Ding* (1950); tr. it. *La cosa*, in *Saggi e discorsi*, Mursia, Milano 1976, p. 110.
[3] F. Nietzsche, *Die fröhliche Wissenschaft* (1882); tr. it. *La gaia scienza*, in *Opere*, Adelphi, Milano 1965, vol. V, 2, § 125, pp. 129-130.
[4] Per un approfondimento di questa tematica si veda U. Galimberti, *Gli equivoci dell'anima* (1987), Feltrinelli, Milano 2001, capitolo 14: "L'anima e le figure del tempo".

ne del mondo, mentre sul versante psicologico Freud ipotizzava un prosciugamento delle forze inconsce non controllate dall'Io, perché "dov'era l'Es deve subentrare l'Io. Questa è l'opera della civiltà".[5]

L'Occidente – una volta abbandonato il pessimismo degli antichi Greci che, come ci ricorda Nietzsche, "sono stati gli unici ad avere la forza di guardare in faccia il dolore"[6] – si è consegnato senza riserve all'ottimismo della tradizione giudaico-cristiana che, sia nella versione religiosa sia nelle forme laicizzate della scienza, dell'utopia e della rivoluzione, ha guardato l'avvenire sorretta dalla convinzione che la storia dell'umanità è inevitabilmente una storia di progresso e quindi di salvezza.

2. *Il futuro come minaccia*

Oggi questa visione ottimistica è crollata. Dio è davvero morto e i suoi eredi (scienza, utopia e rivoluzione) hanno mancato la promessa. Inquinamenti di ogni tipo, disuguaglianze sociali, disastri economici, comparsa di nuove malattie, esplosioni di violenza, forme di intolleranza, radicamento di egoismi, pratica abituale della guerra hanno fatto precipitare il futuro dall'estrema positività della tradizione giudaico-cristiana all'estrema negatività di un tempo affidato a una casualità senza direzione e orientamento.

E questo perché, se è vero che la tecno-scienza progredisce nella conoscenza del reale, contemporaneamente ci getta in una forma di ignoranza molto diversa, ma forse più temibile, che è poi quella che ci rende incapaci di far

---

[5] S. FREUD, *Neue Folge der Vorlesungen zur Einführung in die Psychoanalyse* (1932); tr. it. *Introduzione alla psicoanalisi (Nuova serie di lezioni)*, in Opere, Boringhieri, Torino 1967-1993, vol. XI, Lezione 31, p. 190.

[6] F. NIETZSCHE, *Die Geburt der Tragödie aus dem Geiste der Musik* (1872); tr. it. *La nascita della tragedia dallo spirito della musica*, in Opere, cit., 1972, vol. III, 1, § 3, pp. 32-33, e ancora § 17, p. 111.

fronte alla nostra infelicità e ai problemi che ci inquietano e che paurosamente ruotano intorno all'assenza di senso.

Per dirla con Spinoza, viviamo in un'epoca dominata da quelle che il filosofo chiama le "passioni tristi",[7] dove il riferimento non è al dolore o al pianto, ma all'impotenza, alla disgregazione e alla mancanza di senso, che fanno della crisi attuale qualcosa di diverso dalle altre a cui l'Occidente ha saputo adattarsi, perché si tratta di una crisi dei fondamenti stessi della nostra civiltà.

Certo, nessuno va in un consultorio psicologico esordendo: "Buongiorno dottore, soffro molto a causa della crisi storica che stiamo attraversando". In compenso i consultori sono quotidianamente sollecitati da genitori e insegnanti che non sanno più come far fronte all'indolenza dei loro figli o dei loro alunni, ai processi di demotivazione che li isolano nelle loro stanze a stordirsi le orecchie di musica, all'escalation della violenza, all'obnubilamento degli spinelli che intercalano ore di ignavia. Come ricondurre tutti questi sintomi alla "crisi storica"?

La mancanza di un futuro come promessa arresta il desiderio nell'assoluto presente. Meglio star bene e gratificarsi oggi se il domani è senza prospettiva. Ciò significa che nell'adolescente non si verifica più quel passaggio naturale dalla *libido narcisistica* (che investe sull'amore di sé) alla *libido oggettuale* (che investe sugli altri e sul mondo). Senza questo passaggio, si corre il rischio di indurre gli adolescenti a studiare con motivazioni *utilitaristiche*, impostando un'educazione finalizzata alla sopravvivenza, dove è implicito che "ci si salva da soli", con conseguente affievolimento dei legami emotivi, sentimentali e sociali.

La mancanza di un futuro come promessa priva genitori e insegnanti dell'autorità di indicare la strada. Tra adolescenti e adulti si instaura allora un rapporto *contrattualistico*, per effetto del quale genitori e insegnanti si sen-

---

[7] B. Spinoza, *Ethica ordine geometrico demonstrata* (1665, edita postuma nel 1677); tr. it. *Etica dimostrata secondo l'ordine geometrico*, Boringhieri, Torino 1959, Parte IV, p. 213.

tono continuamente tenuti a giustificare le loro scelte nei confronti del giovane, che accetta o meno ciò che gli viene proposto in un rapporto *egualitario*. Ma la relazione tra giovani e adulti non è simmetrica, e trattare l'adolescente come un proprio pari significa non contenerlo, e soprattutto lasciarlo solo di fronte alle proprie pulsioni e all'ansia che ne deriva.

Quando i sintomi del disagio si fanno evidenti, l'atteggiamento dei genitori e degli insegnanti oscilla tra la *coercizione* dura – che può avere senso quando le promesse del futuro sono garantite – e la *seduzione* di tipo commerciale di cui la cultura consumistica che si va diffondendo è un invito.

Sennonché anche i giovani di oggi devono fare il loro Edipo, devono cioè esplorare la loro potenza, sperimentare i limiti della società, affrontare tutte le situazioni tipiche dei riti di passaggio dell'adolescenza, tra cui uccidere simbolicamente l'autorità, il padre. E siccome questo processo non può avvenire in famiglia dove, per effetto dei rapporti contrattuali tra padri e figli, l'autorità non esiste più, i giovani finiscono con il fare il loro Edipo con la polizia, scatenando nel quartiere, allo stadio, nella città, nella società la violenza contenuta in famiglia.

Sono, questi, solo degli esempi fra i molti che si potrebbero segnalare per mostrare il nesso tra il passaggio storico del futuro come promessa al futuro come minaccia e le manifestazioni psicopatologiche del disagio dei giovani che non riescono più a percepire l'integrazione sociale, l'acquisizione dell'apprendimento, l'investimento nei progetti come qualcosa di connesso a un loro desiderio profondo, che è poi il desiderio di desiderare la vita.

A ciò si aggiunga che le passioni tristi e il fatalismo non mancano di un certo fascino, ed è facile farsi sedurre dal canto delle sirene della disperazione, assaporare l'attesa del peggio, lasciarsi avvolgere dalla notte apocalittica che, dalla minaccia nucleare a quella terroristica, cade come un cielo buio su tutti noi. Ma è anche vero che le passioni tristi sono una costruzione, un modo di interpretare la realtà, non la realtà stessa, che ha ancora in serbo delle risorse se solo non ci facciamo irretire da quel significante oggi dominante che è l'*insicurezza*.

Quel che è certo è che la nostra epoca smaschera l'illusione della modernità che ha fatto credere all'uomo di poter cambiare tutto secondo il suo volere. Non è così. Ma l'insicurezza che ne deriva non deve portare la nostra società ad aderire massicciamente a un discorso di tipo paranoico, in cui non si parla d'altro se non della necessità di proteggersi e sopravvivere, perché allora si arriva al punto che la società si sente libera dai principi e dai divieti e, per effetto di questa libertà, la barbarie è alle porte.

Se l'estirpazione radicale dell'insicurezza appartiene ancora all'utopia modernista dell'onnipotenza umana, la strada da seguire è un'altra: quella della costruzione di legami affettivi e di solidarietà capaci di spingere le persone fuori dall'isolamento nel quale la società tende a rinchiuderle, in nome degli ideali individualistici che, a partire dall'America, si vanno paurosamente diffondendo anche da noi.

3.
Il disinteresse della scuola

> La scuola non deve mai dimenticare di avere a che fare con individui ancora immaturi, ai quali non è lecito negare il diritto di indugiare in determinate fasi, seppur sgradevoli, dello sviluppo. Essa non si deve assumere la prerogativa di inesorabilità propria della vita; non deve essere più che un *gioco* di vita.
>
> S. Freud, *Contributi a una discussione sul suicidio* (1910), pp. 301-302.

1. *La costruzione dell'autostima*

La scuola ha a che fare con quella fase precaria dell'esistenza che è l'adolescenza, dove l'identità appena abbozzata non si gioca come nell'adulto tra ciò che si è e la paura di perdere ciò che si è, ma nel divario ben più drammatico tra il non sapere chi si è e la paura di non riuscire a essere ciò che si sogna.

Nell'intervallo dischiuso da questo duplice non sapere si muove incerta l'identità dell'adolescente, che la nostra società obbliga a una maturazione accelerata, senza sapere indicare, come accadeva alle generazioni precedenti, quella continuità tra preparazione attraverso gli studi e ingresso nel mondo del lavoro che costituiva la prima saldatura di un'identità la quale, pur nella sua incertezza, si ancorava a una certezza futura.

La garanzia della realizzabilità del progetto prefigurava, nell'identità futura, quel concetto di sé indispensabile per non brancolare nell'oscillazione dell'indeterminato. Ma per la formazione di un adeguato concetto di sé occorre quella considerazione positiva che siamo soliti chiamare *autostima*, e quell'accoglimento del negativo che è l'*autoaccettazione*, indispensabile per far fronte agli eventi avversi della vita.

Autostima e autoaccettazione sono tenute dall

in minimo conto. L'autostima dello studente è scambiata spesso per presunzione, e l'autoaccettazione come un esplicito riconoscimento da parte dello studente di non valere un granché. Se poi è lo stesso studente a esser convinto di valere poco, il professore si sente assolutamente assolto nel suo ribadire, con voti e giudizi negativi, quel nulla che lo studente avverte già per suo conto dentro di sé. E così, "per non fare ingiustizie", "per non usare due pesi e due misure", per simili considerazioni che fioriscono sulle labbra apparentemente innocue di tanti professori, si allarga e si approfondisce quella dimensione del vuoto che talvolta porta a gesti irreversibili.

A evento compiuto, di solito i professori manifestano *meraviglia*. Non si meravigliano della loro disattenzione, ma dell'imprevedibilità di un simile gesto in un ragazzo che sembrava così "allegro" e "vivace". Perché, nonostante il gran frequentare letture umanistiche in cui sono descritte tutte le pieghe dell'anima, molti professori ancora non sanno distinguere, nel riso di un giovane, lo spunto della gioia o la smorfia della tragedia imminente.

Ma chi tra gli insegnanti accerta, oltre alle competenze culturali dei propri allievi, il grado di autostima che ciascuno di loro nutre per se stesso? Chi tra gli insegnanti è consapevole che gran parte dell'apprendimento dipende non tanto dalla buona volontà, quanto dall'autostima che innesca la buona volontà? Chi, con opportuni riconoscimenti, rafforza questa autostima, primo motore della formazione culturale, ed evita di distruggerla con epiteti e derisioni che, rivolti a persone adulte, porterebbero di corsa in tribunale?

Chi si astiene dal mettere a confronto il comportamento di un allievo con quello di un altro, irrobustendo chi è già solido e distruggendo chi è già incerto e mal sicuro? Chi ascolta uno studente con interesse riconoscendogli un minimo di personalità, su cui egli possa continuare a edificare invece che a demolire? Pochi, pochissimi insegnanti nella scuola italiana, a cui si accede per competenze contenutistiche e non per formazione personale, in base al principio che l'*educazione* è una conseguenza diretta dell'*istruzione*.

2. L'identità e il riconoscimento

Howard Gardner[1] ci mette in guardia da questa falsa persuasione, perché è impossibile istruire se prima non si è provveduto alla costruzione di un'identità, non ci si è inseriti nei meandri del desiderio, non si sono fatti i conti con i problemi connessi alla frustrazione e alla rimozione, che sono le dinamiche abituali in ciascuno di noi e particolarmente accentuate nell'adolescente.

L'*identità*, infatti, non si costruisce per il semplice fatto che ci siamo e che ogni volta che parliamo diciamo "io". L'identità si costruisce a partire dal *riconoscimento* dell'altro. Se il riconoscimento manca, come manca sempre a chi va male a scuola, l'identità, che è un bisogno assoluto per ciascuno di noi, si costruisce altrove, in tutti quei luoghi, scuola esclusa, dove è possibile ottenere riconoscimenti. Se poi fuori dalla scuola e dalla famiglia resta solo la strada, sarà la strada a fornire quei riconoscimenti ai livelli in cui la strada li può concedere. Sesso e droga cominciano ad apparire come forme esasperate di riconoscimento, perché forme più adeguate non sono state offerte.

L'adolescenza, come ognuno sa, è promossa dal desiderio che, proprio in quel periodo della vita, ha la sua massima espressione. Adolescenze non desideranti annunciano esistenze mancate, ma il desiderio è spesso in conflitto con la *realtà* che non è costruita apposta per soddisfare desideri. Qui sono possibili due atteggiamenti. O la *rimozione* della realtà con conseguente rifugio in un mondo sognato ad essa alternativo, o la *frustrazione* che, reiterata, annulla l'identità.

Il processo di *rimozione*, molto frequente e pericoloso, è noto ai professori come "distrazione": "Suo figlio è sempre distratto". Quasi bastasse un richiamo per fargli accettare la realtà che si oppone alla forza del desiderio, e fargli dimenticare il sogno senza il quale il desiderio esploderebb-

---

[1] H. GARDNER, *The Unschooled Mind. How Children Think and how Schools Should Teach* (1991); tr. it. *Educare al comprendere*, Feltrinelli, Milano 1993.

be in modo incontrollato nella realtà, come ben descrive Aristotele nella sua *Poetica*.[2] Va da sé che se la distrazione è una cosa seria, se il sogno diurno rivela l'incapacità di affrontare il reale, i sogni promossi dalla droga e dal sesso non fanno fatica a essere accolti da chi, per riconoscimenti mancati, non è stato accettato e inserito nella realtà in cui si trova a vivere, al punto di doverne inventare una sognante per poter continuare in qualche modo a esistere.

In questo scontro fra realtà e desiderio in cui si dibatte l'adolescenza può scattare la *frustrazione*, che è utilissima per crescere, ma che, come tutte le medicine efficaci, va dosata. Un eccesso di frustrazione – come nel caso di voti troppo bassi distribuiti in nome dell'oggettività delle prove, senza il minimo sospetto che dietro le prove c'è qualcuno che ci prova e che si mette alla prova – sposta altrove la ricerca di riconoscimento senza il quale non si costruisce alcuna identità e quindi non si può vivere. Questo spostamento, questa di-versione è nota agli adolescenti come "divertimento". "Suo figlio pensa solo a divertirsi," dice il professore che neppure sospetta che nel divertimento non c'è la gioia, ma solo la di-versione.

I giovani cercano i divertimenti perché non sanno gioire. Ma la gioia è innanzitutto gioia di sé, quindi identità riconosciuta, realtà accettata, frustrazione superata, rimozione ridotta al minimo. Che fa la scuola per tutto questo? La scuola svolge programmi ministeriali, perché ritiene che il suo compito non sia propriamente quello di *educare*, ma unicamente quello di *istruire*, essendo l'educazione, nella falsa coscienza dei professori, un derivato necessario dell'istruzione. Ma le cose non stanno propriamente così. È se mai l'istruzione un evento possibile a educazione avvenuta. E l'educazione non è fatta solo di buone maniere, ma è una lenta acquisizione, attraverso riconoscimenti, della gioia di sé.

Anche i topi da laboratorio alla fine non si muovono se, dopo aver percorso in tutti i modi il labirinto, non trovano il formaggio. Gli adolescenti, perché non sono topi,

---

[2] ARISTOTELE, *Poetica*, in *Opere*, Laterza, Bari 1973.

si muovono ancora, ma non nel chiuso della gabbia scolastica, bensì fuori, nella strada, dove non sempre, ma talvolta c'è aria malsana. A scuola restano i problemi, ma le vittime di questi problemi sono già lontane, fuori dalla scuola, con buona pace di chi pensa, e sono i più, che per educare basta istruire.

3. L'oggettivazione della soggettività

Alla base della demotivazione scolastica esiste quella tendenza all'*oggettivazione* che porta i medici a considerare i pazienti solo come organismi, che porta nel mondo del lavoro a considerare gli uomini in base al solo criterio dell'efficienza, risolvendo la loro identità nell'efficacia della loro prestazione, che porta i professori a giudicare i loro studenti in base al *profitto*, termine che il mondo della scuola ha mutuato dal mondo economico, risolvendo l'educazione in un puro fatto quantitativo dove a sommarsi sono nozioni e voti.

Siccome la quantità è misurabile con il calcolo, dalla scuola vengono espulse tutte quelle dimensioni che sfuggono alla calcolabilità, quindi: creatività, emozioni, identificazioni, proiezioni, desideri, piaceri, dolori che costellano la crescita giovanile e di cui la scuola non tiene il minimo conto. Ciò spiega perché a scuola vanno bene e prendono bei voti quei ragazzi che hanno un basso livello di creatività, scarsi impianti emozionali, limitate proiezioni fantastiche. Libera da questi inconvenienti, la mente può disporsi più agevolmente a immagazzinare tutte quelle nozioni che si ordinano con rigore e precisione; più sono disanimate, meno coinvolgono l'anima, all'insegna di quel risparmio emotivo che rende l'incasellamento delle informazioni molto più agevole.

Espulsa dalla scuola l'educazione emotiva, l'emozione vaga senza contenuti a cui applicarsi, ciondolando pericolosamente tra istinti di rivolta, che sempre accompagnano ciò che non può esprimersi, e tentazioni d'abbandono in quelle derive di cui il mondo della discoteca, dell'alcol e della droga sono solo esempi neppure troppo estremi.

Se c'è da dar ragione ad Aristotele che distingue tra "cause prime e cause seconde",[3] verrebbe da chiedersi se prima di quelle *cause seconde* che si chiamano sesso, alcol e droga non ci sia come *causa prima* del disagio giovanile quel vuoto emotivo ed esistenziale che la scuola crea intorno agli studenti, ai quali offre una cultura così disanimata, per cui alla fine è indifferente al giovane non coinvolto studiare i logaritmi o i *Sepolcri* del Foscolo.

Eppure, diceva Paolo di Tarso: "Non si entra nella verità senza l'amore (*Non intratur in veritate nisi per charitatem*)".[4] Nelle nostre scuole l'amore si risolve nella miseria delle simpatie e delle antipatie. L'identità degli studenti bravi si costruisce sulle disfatte di quelli meno bravi, o, come si dice nel gergo scolastico, "insufficienti". Le valutazioni avvengono sulla base di impressioni soggettive, dove le proiezioni sfuse di studenti e professori si mescolano e alla fine approdano a un giudizio in cui è difficile riconoscersi.

4. Il mito della buona volontà

Non parliamo poi di quel lessico impreciso al limite dell'insignificanza che alimenta i colloqui fra genitori e professori, costruito con espressioni: "Dovrebbe metterci più buona volontà", "Dovrebbe impegnarsi di più", "È sempre disattento", "Lega poco in classe", in cui c'è un precipitato di genericità e forse di ignoranza propria di chi non sa che la *volontà* non esiste al di fuori dell'*interesse*, che l'interesse non esiste separato da un *legame emotivo*, che il legame emotivo non si costruisce quando il rapporto tra professore e studente è un rapporto di reciproca *diffidenza*, se non di assoluta *incomprensione* che scatta non appena la psicologia dello studente esce dagli schemi della psicologia del pro-

---

[3] ARISTOTELE, *Metafisica*, in *Opere*, cit., Libro I.
[4] PAOLO DI TARSO, *Prima Lettera ai Corinti*, 13.

fessore. Per questo basta pochissimo e, se si evita il suicidio che, come scrive Luigi Cancrini "non dipende tanto dalle difficoltà che si incontrano, quanto dalla paura di essere rifiutati o abbandonati",[5] certo non si evita quella demotivazione insidiosa che spegne in giovani vite il rispetto di sé. Ha lasciato scritto in proposito una studentessa liceale:

> Sia genitori sia insegnanti mi esortavano a studiare. E io studiavo, provando una noia mortale, con l'attenzione corrotta dal dubbio che stessi lavorando inutilmente, perché era indipendente dalla volontà l'esito del mio lavoro. Mi era negata ogni possibilità di sentirmi capace di gestire gli eventi scolastici che mi riguardavano. Le pagine erano disanimate, straniere, mi avvicinavo a loro con l'urgenza di altri pensieri insieme al senso di colpa per il fatto di averne. Piano piano sentivo che cresceva in me la convinzione che la cosa non mi riguardasse, e alla fine, quando i miei genitori erano arrivati a preoccuparsi gravemente, a me non interessava più nulla di quel che veniva detto a scuola.
> Erano discorsi di cui vedevo immediatamente l'inutilità, la contraddizione. Mi sembravano linguaggi parlati da estranei e non certo rivolti a me. E a nessun insegnante sembrava importasse qualcosa di queste mie sensazioni, anzi, andava bene perché non disturbavo più, non facevo più domande e non mi arrabbiavo. Non parlavo neppure con i compagni, perché loro erano bravi e mi guardavano come se fossero dei professori. Non c'erano più amici con cui parlare dei pensieri che mi venivano al posto della voglia di studiare, ma solo giudici, tante persone che avevano capito tutto e sapevano proprio tutto. Ma tutto cosa?
> Quando ci rifletto, spesso piangendo, mi chiedevo che segreti avessero scoperto dai libri o dai discorsi degli insegnanti. Poi, col tempo, me ne importava sempre meno, e questo tipo di domande ora non me le pongo più. Quello che sanno delle cose della vita non gli serve a niente, e non li fa neppure essere felici: qualsiasi cosa sia, ciò che hanno capito non gli ha cambiato il modo di stare al mondo.

È questo uno dei percorsi adolescenziali che, non intercettati dallo sguardo opaco di genitori e insegnanti, si possono leggere in Domenico Starnone che, con la partecipazione viva di chi sa che nella scuola si seminano le successive disavventure della vita, parla da professore ricordando la sua afasia da studente:

[5] L. Cancrini, *Dialoghi con il figlio*, Editori Riuniti, Roma 1987, p. 68.

Tutta la mia vita di studente è stata, se ridotta all'osso, uno star buono, schivare all'occorrenza, arrendersi subito in caso di necessità. Parlare, naturalmente parlavo solo se interrogato.[6]

L'interrogazione misura il "profitto", ma siccome il profitto è l'ultimo risultato di quella catena che, percorsa a ritroso, indica comprensione, interesse, sollecitazione emotiva, non è difficile demotivare, anche in modo grave, studenti giudicati in base all'esito che può scaturire solo da premesse che la scuola ha evitato di curare.

5. L'educazione del cuore

Se non si dà apprendimento senza gratificazione emotiva, l'incuria dell'emotività, o la sua cura a livelli così sbrigativi da essere controproducenti, è il massimo rischio che oggi uno studente, andando a scuola, corre. E non è un rischio da poco perché, se è vero che la scuola è l'esperienza più alta in cui si offrono i modelli di secoli di cultura, se questi modelli restano contenuti della mente senza diventare spunti formativi del cuore, il cuore comincerà a vagare senza orizzonte in quel nulla inquieto e depresso che neppure il baccano della musica giovanile riesce a mascherare.

Quando parlo di "cuore" parlo di ciò che nell'età evolutiva dischiude alla vita, con quella forza disordinata e propulsiva senza la quale difficilmente gli adolescenti troverebbero il coraggio di proseguire l'impresa. Il sapere trasmesso a scuola non deve comprimere questa forza, ma porsi al suo servizio per consentirle un'espressione più articolata in termini di scenari, progetti, investimenti, interessi. Infine resta la vita, e il sapere lo strumento per meglio esprimerla.

Laddove invece il sapere diventa lo scopo e il profitto il metro per misurarlo qualunque siano le condizioni d'esi-

---

[6] D. STARNONE, *Solo se interrogato. Appunti sulla maleducazione di un insegnante volenteroso*, Feltrinelli, Milano 1995, p. 7.

stenza in cui una vita è riuscita a esprimersi, la scuola fallisce, perché livella, quando non mortifica, soggettività nascenti in nome di un presunto sapere oggettivo che serve a dare identità più ai professori che agli studenti in affannosa ricerca.

"Causa prima" di devianza, rispetto a tutte le "cause seconde" che la sociologia vede alla base del disagio giovanile, la scuola si offre con quel volto irresponsabile di chi si tiene fuori dai problemi connessi ai processi di crescita e, limitando consapevolmente il suo spazio operativo, manifesta quella falsa innocenza che l'oggettività del trattamento (profitto-giudizio) è sempre disposta a concedere a chi non si prende cura della soggettività dei giovani, perché metterci le mani non garantisce di poterle tirar fuori davvero pulite e disinfettate.

6. La formazione dei professori

Questi sono i problemi della scuola, problemi che si possono risolvere solo con la *formazione*, e non solo la *preparazione*, di professori che abbiano come tensione della loro vita la cura dei giovani. E come non si può fare i corazzieri se si è alti un metro e cinquanta, cominciamo a chiederci perché si può insegnare per il solo fatto di possedere una laurea, senza alcuna richiesta in ordine alla competenza psicologica, alla capacità di comunicazione, al carisma. Sì, proprio il *carisma*.

Tutti abbiamo conosciuto almeno un professore che è stato decisivo nelle nostre scelte di vita. Perché questa possibilità è sempre più ridotta per i giovani di oggi, quando la psicologia ci insegna che i processi di identificazione con gli adulti, le cariche emozionali che su di loro vengono convogliate sono le prime condizioni per la costruzione di un concetto di sé così necessario per non brancolare nell'oscillazione dell'indeterminatezza?

La mancanza di *formazione personale*, infatti, se non porta gli adolescenti al suicidio, li porta spesso là dove si spaccia musica, alcol e droga, in quella deriva dell'esistere che è poi quell'assistere allo scorrere della vita in terza persona senza esserne granché coinvolti, in ritmi sempre più estremi ed estranei. Per cui, in certo modo, ci si sente stranieri nella propria vita, in quell'insipido trascorrere di giorni, dove equivalente diventa esserci o non esserci, senza che alcun gradiente faccia apparire la vita preferibile al suo nulla, in quell'atmosfera opaca e spessa che si frappone tra sé e le proprie cose, che se ne vanno lontane da una vita che avverte se stessa sempre più anonima e altra.

A queste forme di disagio si è soliti rispondere con quell'elenco di riforme dove ciò che si prospetta sono autonomie gestionali, rivalutazione della figura del preside, incentivi materiali, nuovi programmi ministeriali messi a punto in funzione di nuovi profili professionali, accorpamento di indirizzi di studio, commissioni di esperti, informatizzazione di questo e di quello, magnifici libri di testo, corsi integrativi, corsi d'aggiornamento. L'unico fattore trascurato è il frequente disinteresse emotivo e intellettuale dell'insegnante, con trasmissione diretta allo studente, che tra i banchi di scuola finisce per trovare solo quanto di più lontano e astratto c'è in ordine alla sua vita, in quella calda stagione dove il sapere non riesce, per difetto di trasmissione, a divenire nutrimento della passione e suo percorso futuro.

7. *Il bullismo degli studenti*

E così per tutta l'adolescenza e la prima giovinezza, quando massima è la forza biologica, emotiva e intellettuale, i nostri ragazzi vivono parcheggiati in quella terra di nessuno dove la famiglia non svolge più alcuna funzione, la scuola non desta alcun interesse, la società alcun richiamo, dove il tempo è vuoto, l'identità non trova alcun riscontro, il senso di sé si smarrisce, l'autostima deperisce.

Hanno smesso di dire "noi" come lo si diceva nel Sessantotto, l'hanno detto sempre meno dopo il crollo delle ideologie, si sono rifugiati in quello pseudonimo di se stessi che ripete ossessivamente "io" dalle pareti strette come quelle di un ascensore. E di quella dimensione sociale che non ha più trovato dove esprimersi: né in chiesa, né a scuola, né nelle sezioni di partito, né sul posto di lavoro, è rimasto solo quel tratto primitivo o quel cascame che è la *banda*.

Solo con gli amici della banda oggi molti dei nostri ragazzi hanno l'impressione di poter dire davvero "noi", e di riconfermarlo in quelle pratiche di *bullismo* che sempre più caratterizzano i loro comportamenti a scuola. Lo sfondo è quello della violenza sui più deboli e la pratica della sessualità precoce ed esibita sui telefonini e su internet dove, compiaciuti, fanno circolare le immagini delle loro imprese.

8. Che fare?

Che fare non lo so, che dire ci provo. Penso che la generazione dei nostri figli abbia, rispetto a quella dei loro genitori, un'emotività molto più incontrollata e uno spazio di riflessione molto più modesto. Il loro fondo emotivo è stato sollecitato fin dalla più tenera età da un volume di sensazioni e impressioni eccessivo rispetto alla loro capacità di contenimento. Sin dai primi anni di vita hanno fatto troppa esperienza (televisiva e non) rispetto alla loro capacità di elaborarla.

Di loro abbiamo detto: "Come sono intelligenti, noi alla loro età eravamo più stupidi". E non l'abbiamo detto solo a noi, l'abbiamo detto anche a loro. E loro ci hanno creduto, avviandosi, con la nostra benedizione e il nostro compiacimento, su quella strada ingannevole dove si confonde l'intelligenza con l'impressionabilità, a cui segue una risposta immediata.

In questo gioco di inganni abbiamo confuso la loro risposta immediata con la prontezza dei riflessi e la velocità di ideazione, mentre era semplicemente un cortocircuito. Ora questi nostri figli si trovano ad avere un'emotività carica e sovraeccitata che li sposta dove vuole, a loro stessa insaputa, senza che un briciolo di riflessione, a cui non sono stati educati, sia in grado di raffreddare l'emozione e non confondere il desiderio con la pratica anche violenta per soddisfarlo.

L'eccesso emozionale e la mancanza del raffreddamento riflessivo portano sostanzialmente a quattro possibili esiti: 1) lo *stordimento dell'apparato emotivo* attraverso quelle pratiche rituali che sono le notti in discoteca o i percorsi della droga; 2) il *disinteresse per tutto*, messo in atto per assopire le emozioni attraverso i percorsi dell'ignavia e della non partecipazione che portano all'atteggiamento opaco dell'indifferenza; 3) il *gesto violento*, quando non omicida, per scaricare le emozioni e per ottenere un'overdose che superi il livello di assuefazione come nella droga; 4) la *genialità creativa*, se il carico emotivo è corredato da buone autodiscipline.

Autodiscipline, non divieti immotivati e punizioni casuali. E perché le autodiscipline si formino occorre aver passato tanto tempo con i figli, perché la teoria secondo la quale è decisiva la *qualità* del tempo che si passa con i figli e non la *quantità* è una patetica storia che genitori, in tutt'altro affaccendati, si sono raccontati a loro giustificazione, lasciando ai figli una gran quantità di tempo da passare in solitudine, con un carico emozionale eccessivo e nessuno strumento di contenimento.

Ma ormai questo mio parere, se ha una sua plausibilità, può tornar utile a chi mette al mondo dei figli oggi. Per chi li ha già in quell'età che possiamo definire dell'*adolescenza infinita*, resta solo da dire a genitori e professori: non interrompete mai la comunicazione, buona o cattiva che sia, qualunque cosa i vostri figli o i vostri studenti facciano. A interromperla ci pensano già loro e, come di frequente ci dicono le cronache quotidiane, anche in maniera distruttiva.

4.
L'analfabetismo emotivo

> L'essenziale è invisibile agli occhi. Lo si vede bene solo col cuore.
>
> A. DE SAINT-EXUPÉRY, *Il piccolo principe* (1941), p. 79.

1. L'alfabeto emotivo

Conosciamo la *collera* quando il sangue affluisce alle mani rendendo più facile impugnare un'arma o sferrare un pugno, mentre la frequenza cardiaca aumenta e una scarica di ormoni, tra i quali l'adrenalina, genera un'energia abbastanza forte da permettere un'azione vigorosa.

Conosciamo la *paura* quando il sangue fluisce verso i grandi muscoli scheletrici, come ad esempio quelli delle gambe, rendendo così più facile la fuga, mentre il volto, momentaneamente meno irrorato, impallidisce.

Conosciamo l'*amore* che, con il risveglio del sistema parasimpatico, produce una reazione opposta a quella che abbiamo visto nella reazione di combattimento e fuga, tipica della collera e della paura.

Conosciamo la *tristezza* che, rallentando il metabolismo, consente di adeguarci a una perdita significativa, a una delusione d'amore, a un evento di morte. La chiusura in se stessi che si determina, la risposta ridotta agli stimoli esterni tengono animali e uomini vicini ai loro rifugi, quindi al sicuro quando sono tristi e perciò vulnerabili.

Oggi lo sviluppo delle neuroscienze sa dirci quasi tutto sulle nostre emozioni, ma ancora non ci dice quel che Aristotele riferisce nella *Retorica*, là dove scrive: "Le emozioni hanno relazioni con l'apparato cognitivo perché si lasciano modificare dalla persuasione".[1] Ciò significa che la nostra emotività *può essere educata* e, se vogliamo una società migliore, *deve* essere educata.

Ogni giorno i notiziari fanno l'elenco degli attacchi furiosi sprigionati dagli impulsi sfuggiti al nostro controllo. Veniamo così a sapere di segretarie massacrate davanti al loro computer, di vicini di casa che tentano di stuprare la donna della porta accanto, di inviti a ragazze che, ignare, trascorrono con amici l'ultima sera della loro vita, di neonati abbandonati nei cassonetti, di figli che a martellate uccidono i genitori, in un crescendo che, fra i paesi industrializzati, colloca l'Italia al secondo posto dopo gli Stati Uniti.

A ciò si aggiunge un incremento esponenziale dei fenomeni di depressione, con una percentuale tripla, per i nati dopo il 1945, rispetto a quella dei loro nonni, e con tassi di suicidio che hanno subìto un'impennata soprattutto fra i giovani, vittime di insuccessi scolastici, di delusioni d'amore e persino della congiuntura economica in un contesto, tipico delle società avanzate, dove il denaro è l'unico generatore simbolico di tutti i valori.

Che c'entra tutto ciò con l'educazione delle emozioni? C'entra perché chi non sa sillabare l'alfabeto emotivo, chi ha lasciato disseccare le radici del cuore, si muove nel mondo pervaso da un timore inaffidabile, e quindi con una vigilanza aggressiva, spesso non disgiunta da spunti paranoici che inducono a percepire il prossimo innanzitutto come un potenziale nemico da temere o da aggredire. Tragedie come quelle sopra elencate non possono essere sbrigativamente liquidate come "casi psichiatrici" e qui relegate e rimosse. La frequenza con cui ricorrono obbliga tutti noi a una riflessione più seria.

---

[1] ARISTOTELE, *Retorica*, Libro II, 1378 a.

2. La fiducia di base

Dispongono ancora i nostri giovani di una psiche capace di elaborare i conflitti e quindi, grazie a questa elaborazione, di trattenersi dal gesto? Esiste nella loro cultura e nelle loro pratiche di vita un'educazione emotiva che consenta loro di mettere in contatto e quindi di conoscere i loro sentimenti, le loro pulsioni, la qualità della loro sessualità e i moti della loro aggressività? Oppure il mondo emotivo vive dentro di loro a loro insaputa, come un ospite sconosciuto a cui non sanno dare neppure un nome? Se così fosse, di fatti simili a quelli sopra elencati aspettiamocene molti, perché è difficile pensare di poter governare la propria vita senza un'adeguata conoscenza di sé.

E qui non alludo alla conoscenza postuma che in età adolescenziale o in età adulta porta qualcuno dallo psicoterapeuta a cercar l'anima o direttamente in farmacia nel tentativo di sedarla. Qui faccio riferimento a quella cura dell'emotività che prende avvio il giorno della nascita, quando il neonato si attacca al seno materno e, insieme al latte, assapora l'accoglienza, l'indifferenza o il rifiuto. Moti impercettibili che sfuggono all'osservazione esterna, ma decisivi per la formazione nel neonato di quel *nucleo caldo* o "fiducia di base", come la chiama Michael Balint,[2] che è la prima condizione per essere al mondo, senza essere soverchiati dall'angoscia.

Poi si cresce, e nell'educazione della prima infanzia vedo padri e madri che promuovono un'educazione fisica e un'educazione intellettuale, ma non un'educazione emotiva, che è poi l'educazione dei sentimenti, delle emozioni, degli entusiasmi, delle paure. Tutte queste cose il bambino se le organizza da sé come può e soprattutto con gli strumenti che non ha.

---

[2] M. BALINT, *Primary Love and Psycho-analytic Technique* (1952); tr. it. *L'amore primario. Gli inesplorati confini tra biologia e psicoanalisi*, Raffaello Cortina, Milano 1991.

Tra una palestra e un corso di nuoto perché bisogna crescere con un bel corpo, tra una spiegazione ora sbrigativa, ora articolata, ora un po' imbrogliata perché bisogna diventare intelligenti, quanto passa tra genitori e figli di quella *comunicazione indiretta* per cui si sente nella pancia, prima che nella testa, che del padre e della madre ci si può fidare, perché li si avverte al proprio fianco nei primi movimenti un po' impacciati della vita? Cura del corpo, cura dell'intelligenza, ma quanta cura dell'anima?

Qui gli adulti annaspano un po'. E veicolano l'amore attraverso le cose che in abbondanza acquistano per soddisfare quei desideri infantili che vanno a occupare il vuoto di comunicazione, che già manifesta i suoi primi segni nella svogliatezza, nell'indolenza, nella pigrizia, nella ribellione e, nei casi più gravi anche se meno eclatanti, nella rassegnazione depressiva.

Quel che si può avvertire in questo periodo caratterizzato da sovrabbondanza di stimoli esterni e carenza di comunicazione sono i primi segnali di quell'*indifferenza emotiva*, oggi sempre più diffusa, per effetto della quale non si ha *risonanza emozionale* di fronte ai fatti a cui si assiste o ai gesti che si compiono.

E tutto ciò perché? Perché manca un'educazione emotiva: dapprima in famiglia, dove i giovanissimi trascorrono il loro tempo in quella tranquilla solitudine con le chiavi di casa in tasca e la televisione come baby-sitter, e poi a scuola quando, sotto gli occhi molto spesso appannati dei loro professori, ascoltano parole inincidenti, che fanno riferimento a una cultura troppo lontana da ciò che la televisione ha loro offerto come base di reazione emozionale.

E così la loro sensibilità fragile, introversa e indolente, che la scuola si guarda bene di educare, tracolla in quell'inerzia a cui li aveva allenati l'apprendimento passivo davanti al video e oggi davanti a internet, con frequenti fughe nel sogno o nel mito, nella ricerca neppure troppo spasmodica di un'identità, di cui troppo presto si dubita di poter reperire la fisionomia, per incapacità di rintracciare radici emotive proprie.

Il tutto condito da un acritico consumismo, reso possibile da una società opulenta, dove le cose sono a disposizione prima ancora che sorga quell'emozione desiderante, che quindi non è sollecitata a conquistarle, e perciò le consuma con disinteresse e snobismo in modo individualistico, dove il pieno delle cose sta al posto del vuoto delle relazioni mancate.

3. *L'educazione emotiva*

Per avviarci lungo questo sentiero dobbiamo innanzitutto renderci conto che l'emozione è essenzialmente *relazione*. E dalla qualità delle nostre relazioni possiamo leggere il grado della nostra intelligenza emotiva a cui la scuola potrebbe dare un positivo contributo, introducendo quei programmi di *alfabetizzazione emotiva*, come opportunamente li chiama Daniel Goleman,[3] in modo da insegnare ai bambini, oltre alla matematica e alla lingua, anche le capacità interpersonali essenziali, che hanno la loro matrice in quei centri emozionali del cervello che sono poi i più antichi, quelli che hanno consentito agli uomini di dare avvio alla loro storia.

Qui torna alla mente la tesi di Eugenio Scalfari secondo il quale *la morale è un istinto*,[4] l'istinto di solidarietà che favorisce la conservazione della specie, spesso in lotta con l'istinto di sopravvivenza individuale. Non furono pochi quelli che, dopo aver ornato la morale dei più nobili paludamenti, storsero il naso di fronte a questa riduzione della morale al regime pulsionale. Ma Goleman ce ne dà conferma:

> Siccome l'educazione delle emozioni ci porta a quell'*empatia* che è la capacità di leggere le emozioni degli altri, e siccome senza percezione delle esigenze e della disperazione altrui non può esserci preoccupazione per gli altri, la radice dell'altruismo sta nel-

---

[3] D. GOLEMAN, *Emotional Intelligence* (1995); tr. it. *Intelligenza emotiva*, Rizzoli, Milano 1996, Parte V: "Alfabetizzazione emozionale", pp. 269-330.
[4] E. SCALFARI, *Alla ricerca della morale perduta*, Rizzoli, Milano 1995.

l'empatia, che si raggiunge con quell'educazione emotiva che consente a ciascuno di conseguire quegli atteggiamenti morali dei quali i nostri tempi hanno grande bisogno: l'autocontrollo e la compassione.[5]

Oggi l'*educazione emotiva* è lasciata al caso e tutti gli studi e le statistiche concordano nel segnalare la tendenza, nell'attuale generazione, ad avere un maggior numero di problemi emotivi rispetto a quelle precedenti. E questo perché oggi i giovanissimi sono più soli e più depressi, più rabbiosi e ribelli, più nervosi e impulsivi, più aggressivi e quindi impreparati alla vita, perché privi di quegli strumenti emotivi indispensabili per dare avvio a quei comportamenti quali l'autoconsapevolezza, l'autocontrollo, l'empatia, senza i quali saranno sì capaci di parlare, ma non di ascoltare, di risolvere i conflitti, di cooperare.

Ai professori che ogni giorno si apprestano a dare giudizi sulle capacità intellettuali dei loro allievi un invito a riflettere prima su quanta educazione emotiva hanno distribuito, perché, a se stessi almeno, non possono nascondere che l'intelligenza e l'apprendimento non funzionano se non li alimenta il cuore.

Se la scuola non è sempre all'altezza dell'educazione psicologica, che prevede, oltre a una maturazione intellettuale, anche una maturazione emotiva, l'ultima chance potrebbe offrirla la società se i suoi valori non fossero solo business, successo, denaro, immagine e tutela della privacy, ma anche qualche straccio di solidarietà, relazione, comunicazione, aiuto reciproco, che possano temperare il carattere asociale che, nella nostra cultura, caratterizza sempre di più il nucleo familiare.

---

[5] D. GOLEMAN, *Intelligenza emotiva*, cit., pp. 14-15.

4. L'inaridimento del cuore

Oggi quel che succede in casa resta lì compresso e incomunicato, e quel che succede fuori è trattato con quelle maschere che ogni giorno indossiamo per non lasciar trasparire proprio nulla dei drammi, delle gioie e dei dolori che si vivono dentro le mura di casa ben protette.

Nel deserto della comunicazione emotiva che da piccoli non ci è arrivata, da adolescenti non abbiamo incontrato e da adulti ci hanno insegnato a controllare, fa la sua comparsa il *gesto*, soprattutto quello violento, che prende il posto di tutte le parole che non abbiamo scambiato né con gli altri per istintiva diffidenza, né con noi stessi per afasia emotiva.

E allora prima del lettino dello psicoterapeuta dove le parole si scambiano, come è noto, a pagamento, prima dei farmaci che soffocano tutte le parole con cui potremmo imparare a nominare e a conoscere i nostri moti d'anima, dobbiamo convincerci della necessità e dell'urgenza di un'educazione emotiva preventiva, di cui scarsissime sono le occasioni in famiglia, a scuola e nella società.

E questo soprattutto nella nostra società, che ha sviluppato un individualismo esasperato e una possibilità di scelta e di libertà che le società che ci hanno preceduto non hanno mai conosciuto, arginate com'erano dalle ristrettezze della povertà e dall'inquadramento offerto dalla tradizione religiosa condivisa, che fungevano da strutture di contenimento. Oggi questi argini, grazie a Dio, sono crollati, ma la nuova individualità che si va affermando ha la forza per reggere lo spazio di libertà e di solitudine che le è stato concesso? Io credo di no.

Per questo c'è un gran lavoro da fare nell'educazione preventiva dell'anima (e non solo del corpo e dell'intelligenza) per essere all'altezza del nostro tempo, che ha bruciato gli spazi della riflessione, ridotto all'insignificanza quelli della comunicazione, ma soprattutto ha inaridito il cuore, che è poi l'organo attraverso il quale si *sente*, prima ancora di *sapere*, cos'è bene e cos'è male.

Ma oggi chi si prende cura del cuore? Del cuore in senso forte, così come Pascal lo descrive quando parla di *esprit de finesse* da armonizzare con l'*esprit de géometrie*,[6] quindi con la nostra intelligenza che, senza cuore, non diventa solo lucida e fredda, ma origine prima del male, quel male assoluto che il *Genesi* descrive quando, nel tratteggiare la figura di Lucifero, ne parla come del "più intelligente degli angeli".[7]

5. *Il deserto emotivo*

Conoscevamo la follia come eccesso della passione. Ne vedevamo i sintomi, ne prevedevamo i possibili scenari. Oggi sempre più di frequente, nell'universo giovanile, la follia veste gli abiti della freddezza e della razionalità, non lascia trasparire alcunché ed esplode in contesti insospettabili che nulla lasciano presagire e neppure lontanamente sospettare.

Così è stato per le tre ragazze per bene che in quel di Sondrio qualche anno fa hanno ammazzato una suora; così è stato a Sesto San Giovanni dove un ragazzo, anche lui per bene, è finito in carcere per una coltellata inferta alla sua amica nel cortile della scuola; e così è stato in quel di Padova, dove un figlio ha ammazzato suo padre, professore d'università, e poi ne ha bruciato nel cortile il cadavere.

Non sono passati molti anni da quando a Novi Ligure una ragazza, che le cronache hanno descritto bella e intelligente, cresciuta in una famiglia serena, educata in un istituto privato retto da religiosi, ha inflitto, con il fidanzatino suo coetaneo, quaranta coltellate alla madre, cinquantasei al fratello e, senza troppo scomporsi, ha retto

---

[6] B. PASCAL, *Pensées* (1657-1662, prima edizione 1670); tr. it. *Pensieri*, Rusconi, Milano 1993, § 21.
[7] *Genesi*, 3,1.

per diversi giorni gli interrogatori a cui è stata sottoposta, senza cedimenti emotivi.

Tutti questi casi hanno in comune quell'evento terribile che è l'*imprevedibilità*. E di fronte all'imprevedibile, di fronte a ciò che non si lascia in alcun modo anticipare, si scatena in tutti noi l'angoscia primordiale, quella che provavano i primi uomini di fronte a un mondo che non riuscivano a decifrare.

Quando la causa è irreperibile, quando il furore che di solito accompagna i gesti della follia è assente, allora bisogna scavare più a fondo e scoprire chi sono e come sono fatti coloro che compiono gesti così orrendi senza dare a vedere alcuna risonanza emotiva.

La psichiatria conosce questa sindrome, e la rubrica sotto il nome di "psicopatia" o "sociopatia". Lo psicopatico è colui che è capace di compiere gesti anche terribili senza che il suo sentimento registri il minimo sussulto emotivo. Il cuore non è in sintonia con il pensiero e il pensiero con il gesto. Ma non si accorge nessuno di questa condizione giovanile peraltro molto diffusa?

Tendenzialmente no. Una buona educazione – soprattutto quella borghese che insegna a tenere a bada gli eccessi emotivi – confeziona per ciascuno di questi ragazzi un abito di buone maniere, di stereotipi linguistici, di controllo dei sentimenti che, come una corazza, rende questi giovani impenetrabili e scarsamente leggibili a chi sta loro intorno. Alla base c'è una mancata crescita emotiva, che ha reso il sentimento atrofico, inespressivo, non reattivo, per cui gli eventi della vita passano loro accanto senza una vera partecipazione, senza un'adeguata risposta di sentimento a quanto intorno accade.

Buon terreno di cultura sono di solito le famiglie per bene, dove i problemi, quando si affrontano, si affrontano sempre in modo razionale, dove non si alza mai la voce, dove non si piange e non si ride, e dove soprattutto non si comunica, perché quando i figli hanno dato le loro informazioni sull'andamento scolastico e sull'ora del rientro quando si fa notte il sabato sera, sono lasciati nel rispetto della loro autonomia, dietro cui si nasconde il terrore dei genitori (anche questo mascherato) ad aprire quell'enigma che i figli sono diventati per loro.

E i figli, come gli animali, sentono quando c'è la paura dei genitori, e, quando non c'è, sentono il loro sostanziale disinteresse emotivo. Soli da piccoli, affidati alla televisione o alle prestazioni mercenarie dell'esercito delle baby-sitter, questi figli, figli del benessere e della razionalità, crescono con un cuore dapprima tumultuoso che invoca attenzione emotiva, poi, quando questa attenzione non arriva, giocano d'anticipo la delusione e il cinismo per difendersi da una risposta d'amore che sospettano non arriverà mai.

A questo punto il cuore, un tempo tumultuoso e invocante, si fa piatto, non reattivo, pronto a declinare ora nella depressione ora nella noia. E quando la tempesta emotiva si abbatte sul cuore, ormai arido perché mai irrigato, si comprime tutto con le difese impenetrabili approntate dalla buona educazione, dalle buone maniere, dal buon allenamento nella palestra gelida della razionalità.

Tutto bene dunque? All'apparenza sì, tutto bene. A scuola non vanno male, col prossimo si sanno comportare, vestono anche bene, e con le maschere, che con estrema facilità indossano e sostituiscono, l'allenamento è collaudato.

La sessualità, quando c'è, è tecnica corporea, perché questi ragazzi sono "emancipati", in discoteca ballano in modo parossistico, insieme a tutti gli altri, la propria solitudine. Un po' di ecstasy dà quella leggera scossa emotiva di cui si è assetati, ma non lo si dice, lo si fa per moda, per essere come gli altri, con cui si fa "gruppo", anche gruppo ben educato, nel tentativo di ottenere dagli amici quel residuo di conforto affettivo di cui il loro cuore, come un organo autonomo, saltuariamente ha sete.

Finché alla fine tutto esplode. La compressione della razionalità mai diluita nell'emozione, la difesa delle buone maniere che ormai, persino a propria insaputa, fanno tutt'uno con l'insincerità, la noia, che come un macigno comprime la vita emotiva, impedendole di entrare in sintonia con il mondo, formano quella miscela che sotterra l'io di questi adolescenti infelici, facendoli agire in terza persona con gesti che la storia dell'uomo fa fatica a reperire come suoi.

Sono gesti che mettono in crisi la giustizia e, con la giustizia, la società che, per tranquillizzarsi, è sempre alla ricerca di un movente. E il movente in effetti non c'è, o se c'è è insufficiente, comunque sproporzionato alla tragedia, perché ignoto agli stessi autori. Cercarlo ci porta lontano, tanto lontano quanto può esserlo l'avvio della loro vita, lungo la quale è stato loro insegnato tutto, ma non come *mettere in contatto* il cuore con la mente, e la mente con il comportamento, e il comportamento con il riverbero emotivo che gli eventi del mondo incidono nel loro cuore.

Queste *connessioni* che fanno di un uomo un uomo non si sono costituite, e perciò nascono biografie capaci di gesti tra loro a tal punto slegati da non essere percepiti neppure come propri. E questo perché il cuore non è in sintonia con il pensiero e il pensiero con il comportamento, perché è fallita la comunicazione emotiva, e quindi la formazione del cuore come organo che, prima di ragionare, ci fa *sentire* che cosa è giusto e che cosa non è giusto, chi sono io e che ci faccio al mondo.

6. *La forza d'animo*

Oggi la si chiama "resilienza",[8] una volta la si chiamava "forza d'animo", Platone la nominava *thymoeidés*[9] e indicava la sua sede nel cuore. Il cuore è l'espressione metaforica del "sen-timento", una parola dove ancora risuona la platonica *thymoeidés*.

Il sentimento non è languore, non è malcelata malinconia, non è struggimento dell'anima, non è sconsolato abbandono. Il sentimento è *forza*. Quella forza che ricono-

---

[8] A. Oliverio Ferraris, *La forza d'animo*, Rizzoli, Milano 2003.
[9] Platone, *Repubblica*, Libro IV, 440 b-440 e.

sciamo al fondo di ogni decisione quando, dopo aver analizzato tutti i pro e i contro che le argomentazioni razionali dispiegano, *si decide*, perché in una scelta piuttosto che in un'altra ci si sente a casa. E guai a imboccare, per convenienza o per debolezza, una scelta che non è la nostra, guai a essere stranieri nella propria vita.

La forza d'animo, che è poi la forza del sentimento, ci difende da questa estraneità, ci fa sentire a casa, presso di noi. Qui è la salute. Una sorta di coincidenza di noi con noi stessi, che ci evita tutti quegli "altrove" della vita che non ci appartengono e che spesso imbocchiamo perché altri, da cui pensiamo dipenda la nostra vita, semplicemente ce lo chiedono, e noi non sappiamo dire di no.

Il bisogno di essere accettati e il desiderio di essere amati ci fanno percorrere strade che il nostro sentimento ci fa avvertire come non nostre, e così l'animo si indebolisce e si ripiega su se stesso nell'inutile fatica di compiacere agli altri. Alla fine l'anima si ammala, perché la malattia, lo sappiamo tutti, è una metafora, la metafora della devianza dal sentiero della nostra vita.

Bisogna educare i giovani a essere se stessi, assolutamente se stessi. Questa è la forza d'animo. Ma per essere se stessi occorre accogliere a braccia aperte la propria *ombra*. Che è ciò che rifiutiamo di noi. Quella parte oscura che, quando qualcuno la sfiora, ci fa sentire "punti nel vivo". Perché l'ombra è viva e vuole essere accolta. Anche un quadro senza ombre non ci concede le sue figure. Accolta, l'ombra cede la sua forza. Cessa la guerra tra noi e noi stessi e perciò siamo in grado di dire: "Ebbene sì, sono anche questo". Ed è la pace così raggiunta a darci la forza d'animo e la capacità di guardare in faccia il dolore senza illusorie vie di fuga.[10]

---

[10] Per un approfondimento di questa tematica si veda C.G. JUNG, *Aion. Beiträge zur Symbolik des Selbst* (1951); tr. it. *Aion. Ricerche sul simbolismo del Sé*, in *Opere*, Boringhieri, Torino 1969-1993, vol. IX, 2, capitolo 2: "L'ombra". Sempre su questo tema si veda anche il bellissimo saggio di M. TREVI, *Ombra: metafora e simbolo* (1982), in *Metafore del simbolo*, Raffaello Cortina, Milano 1986.

"Tutto quello che non mi fa morire, mi rende più forte," scrive Nietzsche.[11] Ma allora bisogna attraversare e non evitare le terre seminate di dolore. Quello proprio, quello altrui. Perché il dolore appartiene alla vita allo stesso titolo della felicità. Non il dolore come caparra della vita eterna, ma il dolore come inevitabile contrappunto della vita, come fatica del quotidiano, come oscurità dello sguardo che non vede via d'uscita. Eppure la cerca, perché sa che il buio della notte non è l'unico colore del cielo.

Di forza d'animo hanno bisogno i giovani soprattutto oggi perché non sono più sostenuti da una tradizione, perché si sono rotte le tavole dove erano incise le leggi della morale, perché si è smarrito il senso dell'esistenza e incerta s'è fatta la sua direzione. La storia non racconta più la vita dei loro padri, e la parola che i padri rivolgono ai figli è insicura e incerta. I loro sguardi si incontrano, ma spesso solo per evitarsi.

Eppure i giovani, anche se mai lo confesseranno, attendono qualcosa o qualcuno che li traghetti, perché il mare che attraversano è minaccioso, anche quando il suo aspetto è trasognato. Il rischio che corrono, quando evitano le soluzioni estreme, è quello di passare il tempo della loro vita, senza sentimento, senza nobiltà, confusi tra i piccoli uomini a cui basta, secondo Nietzsche, "una vogliuzza per il giorno, una vogliuzza per la notte, fermo restando la salute".[12] E così perdono il contatto con se stessi nel rumore del mondo.

Passioncelle generiche sfiorano le loro anime assopite, ma non le risvegliano. Non hanno forza. Sono state acquietate da quell'ideale di vita che viene spacciato per equilibrio, buona educazione. E invece è sonno, conformismo, dimenticanza di sé. Nulla del coraggio del navigante

---

[11] F. Nietzsche, *Nachgelassene Fragmente 1888-1889*; tr. it. *Frammenti postumi 1888-1889*, in *Opere*, Adelphi, Milano 1974, vol. VIII, 3, fr. 14 (89).
[12] F. Nietzsche, *Also sprach Zarathustra. Ein Buch für Alle und Keinen* (1883-1884); tr. it. *Così parlò Zarathustra. Un libro per tutti e per nessuno*, in *Opere*, cit., vol. VI, 1, Prefazione, § 5, p. 12.

che, come vuole la metafora di Nietzsche, "lasciata la terra che era solo terra di protezione, non si lascia prendere dalla nostalgia, ma incoraggia il suo cuore".[13] Il cuore non come languido contraltare della ragione, ma come sua forza, sua animazione, affinché le idee, ben animate dalle passioni, divengano attive e facciano storia. Una storia più soddisfacente.

---

[13] F. Nietzsche, *Così parlò Zarathustra*, cit., Libro III: "I sette sigilli", p. 281: "Se in me è quella voglia di cercare che spinge le vele verso terre non ancora scoperte, se nel mio piacere è un piacere di navigante: se mai gridai giubilante: 'la costa scomparve' – ecco anche la mia ultima catena è caduta – il senza-fine mugghia intorno a me, laggiù lontano splende per me lo spazio e il tempo, orsù! coraggio! vecchio cuore!".

5.
La pubblicizzazione dell'intimità

> Il sentimento del pudore consiste in un ritorno dell'individuo su se stesso, volto a proteggere il proprio sé profondo dalla sfera pubblica.
>
> M. SCHELER, *Pudore e sentimento del pudore* (1957), p. 49.

1. *La neutralizzazione della differenza tra interiorità ed esteriorità*

Perché tanta partecipazione di giovani a reality show come *Il Grande Fratello*, *L'isola dei famosi* e altre trasmissioni consimili, dove si esibiscono senza pudore i sentimenti più profondi e i segreti più nascosti della propria intimità? Se questi spettacoli sono particolarmente seguiti nelle ore pomeridiane e serali da un vasto pubblico vuol dire che oggi la cosa più sconosciuta e di cui si ha la massima curiosità non è più, come un tempo, la vita degli dèi o dei sovrani, ma la vita comune interpretata da persone comuni, la vita quotidiana di tutti noi.

Brutto segno. Perché questo significa che sono crollate le pareti che consentono di distinguere l'interiorità dall'esteriorità, la parte "discreta", "singolare", "privata", "intima" di ciascuno di noi dalla sua esposizione e pubblicizzazione. Se infatti chiamiamo "intimo" ciò che si nega all'estraneo per concederlo a chi si vuol fare entrare nel proprio segreto profondo e spesso ignoto a noi stessi, allora il pudore, che difende la nostra intimità, difende anche la nostra *libertà*. E la difende in quel nucleo dove la nostra *identità* personale decide che tipo di *relazione* instaurare con l'altro.

Il pudore, infatti, non è una faccenda di vesti, sottovesti o abbigliamento intimo, ma una sorta di vigilanza, dove si decide il grado di apertura e di chiusura verso l'altro. Si può infatti essere nudi senza nulla concedere, senza aprire all'altro neppure una fessura della propria anima. La nudità del nostro corpo non dice ancora nulla della nostra disponibilità all'altro.

Siccome agli altri siamo irrimediabilmente *esposti* e, come ci ricorda Sartre, "dallo sguardo degli altri siamo irrimediabilmente oggettivati",[1] il pudore è un tentativo di mantenere la propria *soggettività* in modo da essere segretamente se stessi in presenza degli altri. E qui l'*intimità* si coniuga con la *discrezione*, nel senso che, se "essere in intimità con un altro" significa "essere irrimediabilmente nelle mani dell'altro", nell'intimità occorre essere discreti e non svelare per intero il proprio intimo, affinché non si dissolva quel mistero che, se interamente svelato, estingue non solo la fonte della fascinazione, ma anche il recinto della nostra identità, che a questo punto non è più disponibile neppure per noi.

Ma contro tutto ciò soffia il vento del nostro tempo che vuole la *pubblicizzazione dell'intimo*, perché in una società consumistica, dove le merci per essere prese in considerazione devono essere pubblicizzate, si propaga un costume che contagia anche il comportamento dei giovani, i quali hanno la sensazione di esistere solo se si mettono in mostra, per cui, come le merci, il mondo è diventato una *mostra*, un'esposizione pubblica che è impossibile non visitare perché comunque ci siamo dentro.

In questo modo molti giovani scambiano la loro *identità* con la *pubblicità dell'immagine* e, così facendo, si producono in quella metamorfosi dell'individuo che non cerca più se stesso, ma la pubblicità che lo costruisce. Per effetto di questa esposizione, che abolisce la parola segreta, quella intima, quella nascosta, il pudore, per loro, non è più un sentimento umano, il tracciato di un limite. La parola che li espone pubblicamente ha rotto i confini, e l'ani-

---

[1] J.-P. SARTRE, *L'être et le néant* (1943); tr. it. *L'essere e il nulla*, il Saggiatore, Milano 1966, p. 321.

ma, che un giorno abitava il segreto della loro interiorità, si è esteriorizzata come la pelle rovesciata di un serpente.

Chi infatti non irradia una forza di esibizione e di attrazione più intensa degli altri, chi non si mette in mostra e non è irraggiato dalla luce della pubblicità non ha la forza di sollecitarci, di lui neppure ci accorgiamo, il suo richiamo non lo avvertiamo, non ci lasciamo coinvolgere, non lo riconosciamo, non lo usiamo, non lo consumiamo, al limite "non c'è".

Per *esserci* bisogna dunque *apparire*. E chi non ha nulla da mettere in mostra, non una merce, non un corpo, non un'abilità, non un messaggio, pur di apparire e uscire dall'anonimato mette in mostra la propria interiorità, dove è custodita quella riserva di sensazioni, sentimenti, significati "propri" che resistono all'*omologazione*, che, nella nostra società di massa, è ciò a cui il potere tende per una più comoda gestione degli individui.

Il Grande Fratello o *L'isola dei famosi* sono stati ideati fondamentalmente per questo, ma falliscono lo scopo, perché quando una dozzina di persone sono chiuse in uno spazio ristretto o relegate su un'isola remota, senza libri né giornali, con nulla da fare per tutto il giorno, quello che mostreranno non sarà assolutamente la loro normalità, ma la loro *patologia*. Svisceraranno quanto di più contorto c'è nella loro anima, senza la possibilità di contenerla, come facciamo noi nella vita reale con le occupazioni e il lavoro. Spettacolo della pazzia quindi, e non della normalità.

2. *La matrice religiosa della spudoratezza*

Eppure queste trasmissioni – che dobbiamo considerare più pornografiche della pornografia propriamente detta, perché denudare la propria anima è peggio che denudare il proprio corpo – si alimentano dei cascami della cultura religiosa che, per quanto laicizzata, ancora si nutre della sua simbolica. La morte di Dio, infatti, non ha lasciato solo orfani, ma anche eredi. E non si fatica a cogliere nell'occhio del Grande Fratello la trasposizione dell'occhio di Dio.

Più che al voyeurismo di chi è in attesa di uno scorcio sessuale, penso che la curiosità degli spettatori stia proprio in questa trasposizione inconscia, che consiste nel mettersi al posto di Dio e guardare la vita degli uomini. Non come un padre guarda la vita dei figli ("Dio è morto," ci ricorda Nietzsche),[2] ma come un fratello guarda la vita dei suoi simili.

Del resto il cristianesimo, da tutti noi inconsciamente assorbito, ci ha insegnato anche che nell'interiorità dell'uomo abita la verità. A dirlo a chiare lettere è Agostino di Tagaste: *"In interioritate animæ habitat veritas"*,[3] e su questo principio sono cresciute le fortune degli scrutatori dell'anima: dai preti nei confessionali agli psicoanalisti, che sono la versione laica dell'indagine interiore.

Il Grande Fratello e trasmissioni simili offrono a tutti i fruitori della televisione e di internet la possibilità di scrutare l'anima altrui, perché è quella che dopo alcuni giorni viene fuori, pubblicata dai rotocalchi, quando, disimpegnati da qualsiasi attività, i protagonisti non avranno altro da fare, per passare il tempo senza impazzire, che sfoderare davanti a milioni di spettatori e di lettori la loro anima nei suoi aspetti resi patologici dall'inattività.

Capiamo allora perché trasmissioni in cui i giovani fanno a gara a sfoderare la loro intimità riscuotono un così grande successo: attivano metafore teologiche appena sepolte nel nostro inconscio collettivo. Da spettatori ci consegnano la prerogativa che era propria dell'occhio di Dio, che scruta l'interiorità di ciascuno di noi.

---

[2] F. NIETZSCHE, *Die fröhliche Wissenschaft* (1882); tr. it. *La gaia scienza*, in *Opere*, Adelphi, Milano 1965, vol. V, 2, § 125, pp. 129-130.

[3] AGOSTINO DI TAGASTE, *De vera religione* (389-391), XXXIX, 72; tr. it. *La vera religione*, in *Il filosofo e la fede*, Rusconi, Milano 1989, pp. 204-205. Il testo completo recita: "Non andare fuori di te, ritorna in te stesso. La verità dimora nell'uomo interiore. E se scoprirai che la tua natura è mutevole, trascendi anche te stesso (*Noli foras ire, in te ipsum redi, in interiore homine habitat veritas. Et si tuam naturam mutabilem inveneris, trascende et te ipsum*)".

Non è un caso che le autorità ecclesiastiche, per bocca del cardinale Ersilio Tonini, non cessino di invitare "le autorità a interessarsi di simili trasmissioni, perché rappresentano un'aperta violazione della privacy".[4] In un certo senso le capisco. Prima della morte di Dio la privacy, nel suo spaccato più intimo che è l'interiorità dell'anima, era gestita solo dai preti. Oggi questo genere di trasmissioni televisive la mettono a disposizione di tutti. In una parola la aboliscono.

3. L'omologazione dell'interiorità

Se la *religione* è il terreno di cultura in cui possono nascere trasmissioni del genere, il risultato è tutto *politico*, perché la pubblicizzazione del privato è l'arma più efficace impiegata nelle società conformiste per togliere agli individui il loro tratto discreto, singolare, intimo.

Allo scopo vengono solitamente impiegati i mezzi di comunicazione che, dalla televisione ai giornali, con sempre più insistenza irrompono con *indiscrezione* nella parte *discreta* dell'individuo, per ottenere non solo attraverso test, questionari, campionature, statistiche, sondaggi d'opinione, indagini di mercato, ma anche e soprattutto con intime confessioni, emozioni in diretta, storie d'amore, trivellazioni di vite private, che sia lo stesso individuo a consegnare la sua interiorità, la sua parte intima, rendendo pubblici i suoi sentimenti, le sue emozioni, le sue sensazioni, secondo quei tracciati di *spudoratezza* che vengono acclamati come espressioni di *sincerità*, perché in fondo: "Non si ha nulla da nascondere, nulla di cui vergognarsi".

A parte che "vergognarsi" è un verbo riflessivo che dunque rinvia a una riflessione, a una relazione con se stessi di cui non è proprio il caso di vergognarsi, c'è da notare anche che è un verbo che dice la nostra "esposizione agli altri". "Vergogna" viene infatti da *vereor gognam* che

---

[4] E. TONINI, Dichiarazione rilasciata a "la Repubblica" il 14 luglio 2000.

significa "temo la gogna, la mia esposizione pubblica". E questa è la ragione per cui solitamente non ci si vergogna della colpa, ma della sua pubblicizzazione, ossia della nostra esposizione agli altri, che il pudore avverte più disdicevole della colpa.

Quando dico: "Non ho nulla di cui vergognarmi" non sto dicendo solo: "Non mi vergogno, quindi non sono colpevole", ma anche: "Non mi vergogno, quindi non temo l'esposizione agli altri. Ho oltrepassato quello che per chiunque sarebbe il pudore, e ho fatto della spudoratezza non solo la mia virtù, ma la prova della mia sincerità e della mia innocenza".

I giovani che si comportano in questo modo danno un ottimo esempio di quell'*omologazione dell'intimo* a cui tendono tutte le società conformiste che, alla massima "a ognuno il suo", sostituiscono quell'altra "a ognuno il mio", per cui ciascuno finisce con il sentirsi "proprietà comune" e si comporta come se appartenesse a tutti. E poiché sa che se non si comportasse così, se rifiutasse espressamente questo comportamento, verrebbe considerato "sconveniente" e diventerebbe "sospetto", lo fa anche con un certo ardore, con somma gioia di chi deve governare la società, perché, una volta pubblicizzata, l'intimità viene dissolta come intimità, e gli altri, che dovrebbero stare al confine esterno dell'intimo, diventano letteralmente "inevitabili", ogni volta che ciascuno di noi prova una sensazione, un'emozione, un sentimento.

Questi tracciati segreti dell'anima, in cui ciascuno dovrebbe riconoscere le radici profonde di se stesso, una volta immessi senza pudore nel circuito della pubblicizzazione, quando non addirittura in quello della pubblicità, non sono più propriamente *miei*, ma *proprietà comune*. E questo sia in ordine alla qualità del vissuto, sia in ordine al modo di viverlo, perché il pudore, prima di una faccenda di mutande che uno può cavarsi o infilarsi quando vuole, è una faccenda d'anima che, una volta de-psicologizzata, perché si sono fatte cadere le pareti che difendono il dentro dal fuori, l'interiorità dall'esteriorità, non esiste semplicemente più.

A questo punto si potrebbe obiettare che, siccome il male avviene di solito segretamente, "segretezza" e "riservatezza" sono per l'opinione pubblica prove del male. E allora, per smentire l'opinione pubblica omologata su questo pregiudizio, non resta che la spudoratezza di chi si tiene sempre pronto, "mani alla chiusura lampo", per interviste, pubbliche confessioni, rivelazioni dell'intimità, come è facile vedere in quelle numerose trasmissioni televisive particolarmente seguite, dove l'invito è quello di collaborare attivamente e con gioia alla propria de-privatizzazione con l'ostensione *spudorata* di sé.

Quanti sono interessati a che l'individuo non abbia più segreti e al limite neppure più un'interiorità, perché le pareti della casa di psiche sono crollate, alimentano il proliferare incontrollato di queste trasmissioni che, a livello subliminale, veicolano la persuasione che la spudoratezza è una virtù: la virtù della *sincerità*.

Per quanto la cosa possa apparire strana, la sua realizzazione nella nostra società è già in corso e il processo di eliminazione del pudore è quasi completo, perché il *pudore* può essere non solo sintomo di "insincerità", ma addirittura – e qui anche gli psicologi danno una mano – di "introversione", di "chiusura in se stessi", quindi di "inibizione" se non di "repressione". E inibizione e repressione, recitano i manuali di psicologia, sono sintomi di un "adattamento sociale frustrato", quindi di una socializzazione fallita. Vedete dove si può arrivare avviando una sequenza un po' disinvolta di sillogismi?

Ma purtroppo la sequenza è avviata e la *nostra vita* è diventata *proprietà comune*. E allora perché non lasciarsi intervistare senza riserva e senza pudore? In fondo anche il nostro *corpo* è diventato proprietà comune, e quel che un tempo era prerogativa di alcune dive – farsi misurare seni e sederi e pubblicare le relative cifre sotto la fotografia – oggi è il gioco di qualsiasi ragazza che non voglia passar per inibita. Ma anche il *sesso* è diventato proprietà comune e, dalla stampa alla televisione, è un susseguirsi di articoli e servizi sui piaceri e sulle difficoltà della camera da letto, redatti sotto forma di consigli, in modo confidenziale, come se fossero rivolti solo a te, e non a un milione di orecchie avide di sapere quel che da sé non sanno più scoprire.

Questo significa "Non aver nulla da nascondere, nulla di cui vergognarsi". Significa che le istanze del conformismo e dell'omologazione lavorano per portare alla luce ogni segreto, per rendere visibile ciascuno a ciascuno, per togliere di mezzo ogni interiorità come un impedimento, ogni riservatezza come un tradimento, per apprezzare ogni volontaria esibizione di sé come fatto di lealtà se non addirittura di salute psichica.

E tutto ciò, anche se non ci pensiamo, approda a un solo effetto: attuare *l'omologazione totale della società* fin nell'intimità dei singoli individui e portare a compimento il conformismo. In fondo non è un'operazione difficile. Basta "non aver nulla da nascondere, nulla di cui vergognarsi", che tradotto significa: "Sono completamente esposto", "non custodisco nulla di intimo", "sono del tutto de-psicologizzato", ma in compenso ho guadagnato appariscenza, conformità sociale e forse qualche apprezzamento per il mio coraggio e la mia sincerità.

Di qui la necessità di rivendicare i diritti del pudore: non solo per sottrarre la *sessualità* a quella genericità in cui si celebra il piacere nel misconoscimento dell'individuo, ma anche e soprattutto per sottrarre l'*individuo* a quei processi di omologazione in cui ciascuno di noi rischia di perdere il proprio nome.

6.
La seduzione della droga

> L'approccio al problema delle droghe non deve essere centrato sul prodotto, ma sulle persone e sulle loro relazioni sociali. Duole constatare che la nostra società preferisce emarginare chi diventa vittima delle sue contraddizioni, piuttosto che tentare di rimuoverle.
>
> H. MARGARON, *Le stagioni degli dèi* (2001), p. 311.

1. *Il nichilismo sotteso alla droga*

Il consumo della droga è in continuo aumento. I danni, anche se non immediatamente avvertiti, sono spaventosi. Una voluttà nichilista sembra pervadere la nostra società, soprattutto nella sua fascia giovanile, senza che adeguati rimedi appaiano disponibili e soprattutto efficaci. Siccome sono persuaso che l'uso ormai così diffuso della droga non dipende tanto da un disagio *esistenziale* quanto *culturale*, sarà bene affrontare il problema della droga con gli strumenti che la nostra cultura, anche se appare ormai esangue, sembra ancora in grado di offrire.

Cominciamo col dire che, non solo nel caso della droga, ma in genere, *il piacere è negativo e il desiderio è insaziabile*. Questa formula, che ogni tossicomane conosce, riproduce esattamente quanto la filosofia dell'Occidente, a partire da Platone, ha pensato intorno al piacere e al desiderio, per cui, se la filosofia vuole raccogliere la sfida, può mettere la sua ricchezza analitica a disposizione della comprensione di quel fenomeno inquietante e sempre più vasto che è l'uso e l'abuso della droga.

Nessuno, infatti, come Platone, ha mai indagato la natura del desiderio, cogliendone l'essenza nell'*insaziabilità*, perché il desiderio è mancanza, è vuoto, da pensare non come uno stato stabile contrario al pieno, ma come uno stato insaturabile che si svuota man mano che cerchiamo di riempirlo, come la "giara bucata",[1] per stare alle immagini di Platone, o come il "piviere" che è quell'uccello che mangia e nel contempo evacua.[2]

Iniettarsi eroina si dice in italiano "bucarsi". Il corpo si fa "abisso", che etimologicamente significa "senza fondo". Allo stesso modo in francese "essere alcolizzato" si dice "bere come un buco (*boire comme un trou*)". Tossici e alcolizzati parlano in greco antico e descrivono la loro incapacità di "contenere" con immagini platoniche.

La tossicomania sembra infatti incarnare alla lettera la teoria platonica del desiderio che fa della mancanza non il motore della ricerca della felicità, ma quella "belva dispotica e indomabile",[3] per stare a un'altra immagine platonica, che spinge ad aggrapparsi a essa senza poter più tendere ad altro. Sotto questa forma il desiderio ci fa provare un dolore insopportabile eppure irresistibile, e il piacere che ne segue è cessazione di questa pena, anestesia, piacere negativo, come dopo la prima dose, quando quella successiva non porta voluttà, ma evita la caduta nella sofferenza.

Torna qui in mente la dialettica hegeliana servo-signore,[4] nonché la metafora heideggeriana del pendio, in tedesco *Hang*, da cui *hangen*, essere appeso, e *anhangen*, dipendere.[5] Torna il concetto lacaniano di *manque*, la mancanza come molla del desiderio,[6] e la teoria freudiana del piacere narcotico come piacere affascinante perché doppiamente negati-

---

[1] PLATONE, *Gorgia*, 493 a-c.
[2] Ivi, 493 e-494 b.
[3] PLATONE, *Fedro*, 254 a-b.
[4] G.W.F. HEGEL, *Phänomenologie des Geistes* (1807); tr. it. *Fenomenologia dello spirito*, La Nuova Italia, Firenze 1963, vol. I, capitolo IV, A: "Indipendenza e dipendenza dell'autocoscienza: signoria e servitù", pp. 143-152.
[5] M. HEIDEGGER, *Sein und Zeit* (1927); tr. it. *Essere e tempo*, Utet, Torino 1978, § 41.
[6] J. LACAN, *La direction de la cure et les principes de son pouvoir* (1961); tr. it. *La direzione della cura e i principi del suo potere*, in *Scritti*, Einaudi, Torino 1974, vol. II, p. 625.

vo: fa cessare il dolore fisico e fa da sedativo al male di vivere di cui non ci si prende più cura.[7]

"Cura" in tedesco si dice *Sorge*, e Freud, dopo aver fatto uso per diverso tempo di cocaina,[8] chiama la droga *Sorgenbrecher*, ciò che consente di "scacciare i pensieri", di non "prendersi cura" e, come lui stesso scrive, "il più antico rimedio contro il disagio della civiltà". Grande lettore di Goethe, Freud aveva meditato sul *Faust*, che è poi quel dramma del desiderio che si conclude con il trionfo sarcastico di *Sorge*, la Cura in persona, ospite inamovile di ogni vicenda umana. Così dicendo, Freud, dopo aver indicato con tanta precisione la malattia chiamata "uomo", include il ricorso alle droghe in una prospettiva esistenziale, e in proposito scrive:

> Gli effetti prodotti dagli inebrianti nella lotta per conquistare la felicità e per difendersi dalla miseria vengono considerati talmente benefici che gli individui e i popoli hanno loro riservato un posto ben preciso nella loro economia libidica. Con l'aiuto dello scacciapensieri (*Sorgenbrecher*) sappiamo dunque di poterci sempre sottrarre alla pressione della realtà e trovare riparo in un mondo nostro, che ci offre condizioni sensitive migliori. È noto che proprio questa caratteristica degli inebrianti ne costituisce in pari tempo il pericolo e la dannosità. Per colpa loro in talune circostanze si sciupano inutilmente grandi ammontari di energia che potrebbero essere utilizzati per il miglioramento della sorte umana.[9]

---

[7] S. FREUD, *Das Unglück in der Kuktur* (1929); tr. it. *Il disagio della civiltà*, in *Opere*, Boringhieri, Torino 1967-1993, vol. X, p. 568. Questo motivo era già stato anticipato da Freud in *Vorlesungen zur Einführung in die Psychoanalyse* (1916); tr. it. *Introduzione alla psicoanalisi*, in *Opere*, cit., vol. VIII, p. 512; *Jenseits des Lustprinzips* (1920); tr. it. *Al di là del principio di piacere*, in *Opere*, cit., vol. IX, p. 193; *Das ökonomische Problem des Masochismus* (1924); tr. it. *Il problema economico del masochismo*, in *Opere*, cit., vol. X, p. 5.

[8] S. FREUD scrisse quattro articoli sulla cocaina e precisamente: *Über Coca* (1884), *Beitrag zur Kenntniss der Cocawirkung* (1885), *Über die Allgemeinwirkung des Cocaïns* (1885), *Bemerkungen über Cocaïnsucht und Cocaïnfurcht* (1887), oggi tradotti in italiano rispettivamente con i titoli: *Sulla coca, Un contributo alla ricognizione della coca, Sull'azione generale della cocaina, Annotazioni sulla cocainomania e sulla cocainofobia*, in S. FREUD, *La cocaina*, Spirali/Vel, Milano 1990.

[9] S. FREUD, *Il disagio della civiltà*, cit., p. 570.

Come per Aristotele, anche per Freud il piacere è il primo principio della vita psichica, nonché il movente più forte dell'azione umana,[10] ma sia Aristotele sia Freud distinguono il piacere immediato, incurante, non negoziato dell'infanzia, dal piacere adulto che nasce dal differimento del godimento spostato su oggetti compatibili con il mondo, con gli altri e soprattutto con l'autoconservazione.

Qui cade la differenza instaurata da Freud tra il principio di piacere (infantile) e il principio di realtà (adulto) che non è negazione del piacere, ma suo *differimento*, perché non tralascia la cura di uomini e cose, ma cerca il piacere attraverso questa cura, fattore essenziale di ogni vicenda umana.

Sulla traccia dell'etica aristotelica, Freud ipotizza che il nostro cervello sia fatto per godere dell'inerzia e della noncuranza, assecondando le quali non ci si cura di nient'altro se non di quell'oggetto che pensiamo possa dispensarci da ogni cura. Tale è l'oggetto tossico, nevrotico, onirico, in presenza del quale la pulsione si fa insistente, implacabile e coatta, dove il desiderio, come vuole il nichilismo denunciato da Platone e da Aristotele, è sempre vivo perché insoddisfatto, e insoddisfatto perché il piacere che cerca è negativo, è l'uscire dalla pena dell'insaziabilità del desiderio.

Per spezzare il circolo vizioso occorre, sia per Platone e Aristotele sia per Freud, passare attraverso la realtà che ci obbliga a congedarci dalla *non-curanza*, per abituarci a *prenderci cura* dei nostri piaceri, non nella forma *an-estetica* della soddisfazione immediata come fanno i bambini, ma in quella *estetica* nell'accezione greca dell'*aísthesis* o sensazione, che percorre la gamma che dal "sensibile" giunge al "bello".

Ma il tratto "anestetico" non è tipico solo delle *droghe*, ma anche dei *farmaci* che, per il loro valore anestetizzante e quindi *nichilistico*,[11] hanno un successo da far invidia al sistema moderno delle merci, dal momento che nessun

---

[10] ARISTOTELE, *Etica a Nicomaco*, Libro III, 1119 a-b.
[11] I. TESTONI, *Psicologia del nichilismo. La tossicodipendenza come rimedio*, Franco Angeli, Milano 1997.

bene di consumo può competere con loro in termini di soddisfazione e di piacere. Facendo infatti sognare come mai è capitato a qualsiasi responsabile delle vendite, la differenza tra droghe e farmaci sfuma, perché la neurofarmacologia ci invita a pensare che esiste un'omogeneità qualitativa tra i composti chimici che assumiamo e quelli che fisiologicamente agiscono sulle cellule cerebrali per regolare le nostre gioie e i nostri dolori.

In questo modo la neurofarmacologia razionalizza i comportamenti tossicomani e, a sua insaputa, contribuisce alla loro sdrammatizzazione, perché riconosce l'intenzione ragionevole del gesto medico o autoterapeutico che consiste nel modificare la sensibilità del corpo. In questo modo, come scrive lo psichiatra E. Khantzian:

> Il tossicomane non appare più come un immaturo che regredisce e si comporta in modo irrazionale, bensì come un adulto che individua un disagio, sceglie un rimedio specifico, si cura e si limita ad anticipare il medico con un prodotto il cui unico difetto è di essere inadeguato in quanto mal dosato.[12]

Dello stesso avviso è Peter Kramer per il quale:

> Il paziente anedonico, così chiamato per la sua incapacità di provar piacere, che assume il prozac e il cocainomane che assume la droga tentano entrambi di compensare la loro mancanza di capacità edoniche. La finalità del loro gesto è identica.[13]

Infatti, se è vero che il prozac non crea dipendenza e non procura l'eccitazione della cocaina né l'appagamento dell'eroina, al pari di queste viene a compensare un'incapacità di felicità, non attraverso un coinvolgimento nel mondo, ma attraverso un godimento appetitivo e consumatorio della vita, che Platone rubrica tra le esperienze "miste e im-

---

[12] E. Khantzian, *The Self-Medication Hypothesis of Addictive Disorders: Focus on Heroin and Cocaine Dependence*, in "The American Journal of Psychiatry", n. 142, 11, novembre 1985, p. 1260.
[13] P. Kramer, *Listening to Prozac: A Psychiatrist Explores Antidepressant Drugs and the Remaking of the Self*, Penguin Books, New York 1993, p. 306.

pure",[14] caratterizzate cioè dall'insaziabilità del desiderio e dalla negatività del piacere.

Qui filosofia e psicoanalisi convengono nel dirci che, quando la voluttà tende all'anestesia – e tutte le droghe, anche quelle euforizzanti che i nostri giovani consumano ogni sabato sera nelle discoteche, sono paradossalmente anestetiche perché anestetizzano dalla "cura" del mondo –, l'appetito si fa divorante, ma il prodotto con cui si tenta di placarlo si rivela di volta in volta sempre più insoddisfacente.

La *macchina del nulla* che avvia questo circolo vizioso inabissa il tempo in un'ossessione volta alla ricerca del prodotto che promette la liberazione da ogni "cura", innescando quella meccanica della ripetizione che Freud chiama "coazione a ripetere", dove l'insaziabilità della pulsione si scontra con l'inadeguatezza dell'oggetto e quindi con l'impossibilità del godimento.

A questo punto il desiderio che, come ci ricorda Platone, è fatto di "mancanza" e di "nulla", chiede che si aumenti la dose, per cui in un certo senso la tossicomania riprodurrebbe, come nessun'altra cosa, il perfetto funzionamento del desiderio, che non cerca il piacere nel mondo, ma l'estinzione rapida e immediata di quella "mancanza" che è la sua struttura costitutiva. Nessuno infatti desidera ciò che ha, ma solo ciò che non ha. *Il nulla è l'anima del desiderio* che, nella sua versione anestetica, rende l'appetito irresistibile e il piacere insoddisfacente.

Sulla natura *insaziabile* del desiderio i tossicomani sono d'accordo. Lo sanno anche se non hanno letto Platone. È la droga ad averglielo insegnato. E a proprie spese hanno imparato che "ci si droga per essere assuefatti" come scrive William Burroughs,[15] e che darsi alla droga è un *full time job*, "un lavoro a tempo pieno" come dice Mark Renton in *Trainspotting*.[16] Ma siccome il tempo è la nostra vi-

---

[14] PLATONE, *Filebo*, 46 a-50 e.
[15] W. BURROUGHS, *La scimmia nella schiena (Junkie)*, Rizzoli, Milano 1989, p. 32.
[16] D. BOYLE, *Trainspotting* (film), 1996.

ta, e la nostra vita siamo noi, la tossicomania come rimedio al dolore invoca per sé un altro rimedio.

Contro l'insaziabilità del desiderio Platone consigliava il pensiero, Freud invitava a piegarsi al principio di realtà, nel senso che per godere bisogna fare uno sforzo. E allora contro la voluttà degli "scacciadolori" o *Sorgenbrecher*, come li chiama Freud, che sono tanto le droghe quanto i farmaci così agognati dal nostro cervello che ce la mette tutta per diventare cronicamente desiderante e in astinenza, l'antropologa Giulia Sissa consiglia:

> Mettiamoci a sedurre uomini, conquistare donne, guadagnare denaro, scrivere un libro. Passiamo attraverso le persone e le cose. [...] Dopotutto – ed è appunto il dopo che conta – si gode di più.[17]

Un modo per dire: "Non ripudiamo il nostro desiderio", ma per evitare che, dall'abisso della negatività che lo costituisce, il desiderio si faccia insaziabile e cerchi nella droga o nel farmaco quel piacere negativo che consiste nel riempire la "giara bucata", facciamolo passare attraverso le persone e le cose. Il piacere, infatti, va assecondato, non negato. Si tratta solo di indicargli la via, come l'auriga di cui parla Platone la indica al cavallo indomito.[18]

E questo va raccomandato soprattutto alle campagne pubblicitarie che, con le loro minacce e le loro raccomandazioni tautologiche del tipo *just say no* (di' di no e basta), mancano di efficacia perché trascurando la natura del desiderio e la qualità del piacere dicono cose in cui sono del tutto trascurati gli incanti della vita. E ognuno sa che, senza incanti, la vita non ha più voglia di vivere.

---

[17] G. Sissa, *Le plaisir et le mal. Philosophie de la drogue* (1997); tr. it. *Sesso, droga e filosofia*, Feltrinelli, Milano 1999, pp. 158-159.
[18] Platone, *Fedro*, 246 a-d.

2. Eroina: l'anestesia della droga "sporca"

Dovevamo aspettare Irvine Welsh, l'autore del romanzo *Trainspotting*,[19] per apprendere che l'eroina, considerata una droga "sporca", anestetizza tutti i dolori, e che una delle cause della sua diffusione è dovuta al fatto che l'informazione, mentre terrorizza i giovani illustrando le drammatiche conseguenze connesse all'assunzione della sostanza, trascura di dire che l'eroina procura anche uno sconfinato piacere. E così si relega il problema della droga nel recinto ristretto del piacere-dispiacere come si fa con il tabacco e con l'alcol, sottintendendo che, se la questione è tutta lì, per uscirne basta la forza di volontà. Ma la questione non è tutta lì, anzi non è proprio lì.

Alla base dell'assunzione delle droghe, di tutte le droghe, anche del tabacco e dell'alcol, c'è da considerare se la vita offre un margine di senso sufficiente per giustificare tutta la fatica che si fa per vivere. Se questo senso non si dà, se non c'è neppure la prospettiva di poterlo reperire, se i giorni si succedono solo per distribuire insensatezza e dosi massicce di insignificanza, allora si va alla ricerca di qualche anestetico capace di renderci insensibili alla vita.

A differenza del piacere sessuale che è intenso, attivo e produttivo, il piacere dell'eroina è *anestetico*. Chi lo cerca non vuol sentire di più, ma sentir di meno, non vuole partecipare più intensamente alla vita, ma prendervi parte il meno possibile. Come i martiri, come gli eremiti che dicono no al mondo perché nel mondo non scorgono alcun senso e alcuna traccia di salvezza, così gli eroinomani si sottraggono alla vita quotidiana perché la successione dei giorni propaga solo quella noia senza speranza che ispessisce l'aria che si respira fino al soffocamento. Di qui la ricerca spasmodica di tutto ciò che può anestetizzare.

Il piacere dell'anestesia è il più sottile dei piaceri, forse il più insidioso, senz'altro il più diffuso. Lo incontriamo ogni volta che accendiamo una sigaretta per attutire noia

[19] I. WELSH, *Trainspotting* (1993); tr. it. *Trainspotting*, Guanda, Parma 2004.

o stress, piccoli indizi della fatica di vivere, ogni volta che ci affidiamo all'alcol per liberare quanto siamo costretti abitualmente a reprimere. Tutto ciò avviene quando si è detto sì alla vita e ci si vuol solo sostenere per mantenere la promessa. Quando invece alla vita si è detto no, senza neppure bisogno di dirlo perché è la vita stessa a non essere mai sorta come una passione, allora si cerca un piacere anestetico più forte, che vuol dire cercare un modo qualsiasi per non esserci.

I recettori che l'eroina impregna fanno già da sé il lavoro anestetico, ma se questo non basta perché la vita nella sua insensatezza oltrepassa i nostri limiti fisiologici di sopportazione, non resta che aiutare i nostri recettori a renderci più insensibili a tutto ciò che non si ha più voglia di sentire, né di vedere, né di sopportare.

Il problema allora non è quello di far sapere ai giovani che, per evitare terribili conseguenze, bisogna saper rinunciare al piacere che l'eroina indubbiamente dà, perché chi inizia a bucarsi non ha in vista quel piacere, ma proprio quelle terribili conseguenze a cui desidera arrivare anestetizzato. Il no alla vita non è ciò che si trova alla fine di un percorso intrapreso per la ricerca del piacere, ma è ciò che si trova all'inizio del percorso, ciò che da subito ci si propone di raggiungere nel modo più possibile anestetizzato.

Questa è la ragione per cui quanti si fanno ripulire i recettori dai farmaci si trovano, a lavaggio avvenuto, davanti alla stessa insensata biografia del cui peso avevano cercato di liberarsi con l'anestetico. Ma questa è anche la ragione per cui quando la comunità terapeutica ha disintossicato il drogato con il calore della comunicazione non può che riconsegnarlo al mondo esterno dove quel calore si raggela e il bisogno dell'anestesia ritorna più urgente.

La disintossicazione farmaceutica e la disintossicazione comunitaria, l'una con la chimica l'altra con il calore della comunità, alla fine restituiscono l'individuo alla sua esistenza nuda e cruda, da cui un giorno quell'individuo si era allontanato perché la vita non aveva "fatto presa". E dove la vita non fa presa non c'è chimica né comunità che tenga, c'è solo la voglia di non vivere come puro quantitativo biologico. E se la biologia segue la sua legge o costringe a vivere quella vita in terza persona scandita dai ritmi dell'organismo, allora non resta che il piacere dell'anestesia, quel sì alla vita, purché in nostra assenza, che è il sì di ogni esistenza traghettata dalla droga.

I lettori di *Trainspotting* e quanti sono accorsi a vederne la versione cinematografica non si lascino ingannare. Sia il libro sia il film dicono che la droga è anche piacere, e chiunque è libero di cercare il piacer suo e di preferire una vita breve ma piacevole a una lunga ma insignificante. Non è vero! Il piacere della droga non è la scelta di una maggiore intensità della vita al prezzo della sua brevità, è la scelta dell'astinenza dalla vita, perché questa, una volta apparsa in tutta la sua insignificanza, prosegua pure il tracciato della sua insensatezza, ma risparmiando almeno il dolore. A questo tende il piacere della droga, ossia il piacere dell'anestesia, a null'altro.

3. *Ecstasy: l'euforia della droga "pulita"*

Se l'eroina è una droga "sporca", che dire di quella droga cosiddetta "pulita", come molti giovani ritengono sia l'ecstasy, la più famosa delle cosiddette "nuove droghe", che poi tanto "nuova" non è?

L'ecstasy, infatti, o MDMA come si chiama in chimica, venne brevettata nel 1913 dalla compagnia tedesca Merk come pillola dimagrante con delle comiche descrizioni dei suoi effetti collaterali, ma non fu commercializzata. Ritornò in auge nel 1953 quando l'esercito americano provò una serie di droghe per usi militari. Messa sul mercato nel 1977, la MDMA vi rimase come droga terapeutica fino al 1985 quando la Dea, l'agenzia federale antidroga americana, la rubricò nella tabella 1, la più restrittiva. Da allora l'ecstasy, in un primo tempo battezzata "empaty" per la sua capacità di favorire la comunicazione, fu lavorata in laboratori clandestini e distribuita attraverso la rete degli spacciatori.

Ricavo queste informazioni da un libro di Nicholas Saunders,[20] un personaggio da tempo presente sulla scena alternativa londinese ed europea che, avvertendo la totale mancanza di informazione su questa pillola cosiddetta "pulita" che molti nostri giovani inghiottono il sabato sera, decide di scrivere un libro per raccontarci i piaceri dell'ecstasy e poi anche, come si conviene, la storia di questa pillola, la composizione chimica, l'effetto che fa, i rischi a cui si va incontro, gli effetti collaterali, il target sociale di chi la consuma e tante altre cose scritte in modo un po' pedante, un po' statistico, con stralci narrativi poco commoventi, ma comunque già qualcosa in quella lotta al buio in cui brancolano troppi genitori che ogni sabato sera si apprestano a passare la loro nottata d'ansia per quei loro figli, poco appariscenti e abbastanza integrati, che spendono il loro tempo libero in quei santuari dove un'altra trinità ha preso il posto di quella religiosa, e che, al pari di questa, ha il suo cerimoniale in quella "techno-scena" composta da techno-sound, techno-droga e techno-party. L'ecstasy è la techno-droga, la seconda componente di questa trinità. Sempre in questo libro leggo questo dialogo:

> Dice la ragazza: "Non puoi mettere l'amore in una pillola".
> E il ragazzo risponde: "Non sto dicendo questo. Non penso che l'ecstasy crei un'esperienza d'amore. Penso che faccia qualcosa di molto più umile e specifico. Elimina la paura. E tolta quella, l'amore viene da sé".[21]

Se confrontiamo il dialogo di questi giovani con quello che possono aver sentito nella scuola che frequentano o da cui sono appena usciti, dove non vien fatto alcuno sforzo per informare, educare, mettere a disposizione quel com-

---

[20] N. SAUNDERS, *Ecstasy and the Dance Culture* (1995); tr. it. *E come Ecstasy*, Feltrinelli, Milano 1995.
[21] Ivi, p. 174.

plesso corpo di informazioni che permette l'uso del giudizio, la distanza diventa incolmabile.

Il messaggio della scuola, ma anche quello della televisione, è che "le droghe uccidono". Friggono a fuoco lento il cervello finché la frittata è fatta. Il rimedio è uno solo: "Basta dire di no". Un "no" che riesce facile solo a quelli che hanno già detto no all'eccesso di immaginazione, alle vertigini della fantasia, alla forza dell'emozione, all'abisso della disperazione, al bisogno spasmodico di comunicazione. E dopo tutti questi no, che spesso molti giovani non sono in grado di dire, possono anche dire di no alla droga.

Che significa tutto questo? Significa che l'attenzione deve essere spostata dalle *conseguenze* dell'uso e dell'abuso della droga alle *cause*. E solo allora la droga può apparire per quello che è: non una dipendenza ormai diffusa su larga scala nel mondo giovanile e non solo, ma un *sintomo*, se non addirittura un tentativo disperato di *rimedio* a un disagio che pare impossibile poter sopportare.

Se guardiamo le cose da questo punto di vista è più istruttivo conoscere non solo i *pericoli* connessi all'uso della droga, ma anche i *piaceri* dalla droga indotti. Perché solo la conoscenza dei piaceri assicurati, o anche solo promessi, può gettar luce sulla qualità della sofferenza e del disagio che porta al consumo di droghe.

Gli effetti piacevoli dell'ecstasy possono sostanzialmente essere ridotti a due: il *sollievo della tensione muscolare* e, come riferiva il dialogo tra i due giovani, il *dissolversi delle paure*. Il primo effetto, quello fisico, consente ai giovani del sabato sera di ballare per trentasei ore senza avvertire la fatica. Questo non significa che il corpo non si stanchi e che la fatica non si paghi, semplicemente non se ne ha la sensazione. Tutto ciò non è una gran bella cosa, perché le soglie di dolore o di affaticamento sono lì ad avvertirci che non possiamo fare del nostro corpo ciò che vogliamo, e che i deliri di onnipotenza, anche se piacevoli, non cessano di essere deliri che, a effetto concluso, presentano il conto.

Più interessante è l'effetto psicologico che si traduce nel dissolvimento delle paure, sia nei confronti dei nuclei profondi della propria personalità (al punto che alcuni psicoterapeuti americani tra il 1977 e il 1985, gli anni d'oro dell'ecstasy in America, ne avevano sperimentato l'uso per un più rapido rapporto con il proprio inconscio), sia nei confronti degli altri a cui ci si relaziona in modo più disinibito e affettuoso.

Per quanto concerne il rapporto con gli altri, si ha una maggiore apertura e capacità di interazione dovute allo scioglimento delle barriere difensive e a una diminuzione della paura e dell'aggressività. Quest'ultimo tratto riduce nei maschi la possibilità di rapporti sessuali, ma questo rassicura le ragazze che possono celebrare il loro narcisismo senza il timore di essere aggredite, perché il clima che si crea è quello di un appassionato innamoramento o di una insolita sensibilità verso il partner, sempre meno specifico in termini di compagno di vita o incontro occasionale, di omosessuale o eterosessuale.

Tra gli effetti spiacevoli vanno ricordati: sul versante fisico il surriscaldamento con la possibilità, peraltro non frequente, di morire per collasso da calore, per cui l'ecstasy è cinque volte più tossico in condizioni affollate che in isolamento; sul versante psicologico il possibile scatenamento di attacchi epilettici o di attacchi psicotici, più frequenti in personalità già predisposte.

Dalla qualità dei piaceri attesi o comunque promessi sembra che i consumatori di ecstasy – e qui siamo al punto – siano alla ricerca di una riduzione delle barriere che nella nostra cultura rendono così difficile la comunicazione: artificiale in pubblico e noiosa e ripetitiva nel privato. Hanno scelto come strada la chimica, e come effetto la sua azione sul proprio cervello e quindi sul proprio corpo.

Dell'anima non si fidano, con le sue possibilità non hanno consuetudine, troppi sono stati i tentativi che non hanno avuto successo. E allora quel che nella nostra cultura non si riesce più a far con l'anima lo si fa con la chimica, pur di riuscire a raggiungere quello scopo che è la comunicazione e il contatto, al di là di tutte le barriere che ci costringono nel recinto stretto della nostra solitudine di massa.

Si tratta di quella solitudine che i giovani, tra i quindici e i venticinque anni, non tollerano e allora chiedono alla chimica di precisare la loro passione che non sa orientarsi tra i richiami del cuore o quelli del sesso, per celebrare l'eccesso della vita nei riti del sabato sera, con sonno diurno per smaltire, oltre agli effetti di una notte che di "estasi" aveva solo il nome, le conseguenze distruttive di quell'energia giovanile che le nostre società efficienti e avanzate non sanno come utilizzare. Vivono di notte i nostri giovani, perché di giorno nessuno li riconosce, nessuno ha bisogno di loro. E loro lo sanno e non vogliono sbattere ogni giorno la faccia contro il misconoscimento della loro esistenza.

Per coloro invece che già sono inseriti nel mondo del lavoro l'ecstasy rappresenta una liberazione dall'oppressione dei ruoli, delle funzioni, dell'estetica della distanza e della freddezza, che negli usi e costumi degli occidentali si chiama "correttezza". Una parola elegante cresciuta nel giardino della non-comunicazione, dove il contatto è formalizzato, la parola stereotipata, lo sguardo impersonale, il tutto all'insegna della non-confidenza che garantisce a ciascuno di noi di ritirarsi dai rapporti senza offendere nessuno.

Una sorta di "liberazione in vita (*jivanmuktiviveka*)" come si legge nel commento ai *Veda* di Vidyaranya, capo del centro monastico sankariano di Srnegevi dove morì probabilmente nel 1386. Pur nella radicale differenza degli scenari c'è un punto in comune tra la via della liberazione indicata dalla meditazione orientale e quella freneticamente cercata dai consumatori di chimica occidentale: la soppressione della mente perché, scrive Vidyaranya:

> La prosperità della mente è una rovina, la rovina della mente è grande prosperità. Fino a che la mente non è stata vinta esercitandosi a mantenere saldamente l'attenzione su una sola realtà, nel cuore si levano le predisposizioni, demoni di mezzanotte. La mente, infatti, è il mezzo della ruota dell'illusione, vincendo la quale, si

raggiunge l'assenza di paura (*abhaya*), l'estinzione del dolore, la conoscenza di sé, come anche la pace imperitura.[22]

Dunque le stesse cose che i nostri giovani cercano con l'ecstasy, ma la via da essi percorsa rischia di sollevare quelli che per la meditazione orientale sono i "demoni di mezzanotte", proprio quelle predisposizioni che non danno, ma tolgono la pace. Per raggiungere la pace, scrive ancora Vidyaranya:

> Vi sono due tipi di controllo: metodico e violento. Il controllo violento delle facoltà sensoriali e di azione avviene tramite il controllo delle loro sedi fisiche. È questa la via che non porta alla vera quiete, e perciò è seguita solo dagli sciocchi che si adoperano a vincere la mente con la violenza, che è come legare un grosso elefante impazzito con filamenti di loto.[23]

Non possiamo seguire le vie orientali perché siamo occidentali, e se è delirio di onnipotenza sconfinare con l'ecstasy oltre i limiti del proprio io, non lo è da meno sconfinare in Oriente con l'anima gravida d'Occidente.

Ma se non possiamo seguire la via indicata dall'Oriente evitiamo almeno di seguire quella sconsigliata, quella dei "demoni di mezzanotte" e di credere che la chimica possa farci raggiungere a fine settimana, su nostro comando, qualcosa che assomigli a quello che in Oriente chiamano Brahman-Nirvana. Coloro infatti che si nutrono di ecstasy, anche se animati dal desiderio di sottrarsi agli aspetti invivibili della cultura dell'Occidente, a loro insaputa non fanno che confermare a livelli elementari quello che è il tratto tipico di questa cultura, ossia la volontà di potenza che nulla vuole se non che il mondo desiderato accada a nostro comando.

---

[22] VIDYARANYA, *La liberazione in vita (Jivanmuktiviveka)*, Adelphi, Milano 1995, pp. 208-209.
[23] Ivi, pp. 210-211.

4. Cocaina: l'eccitazione della droga "stimolante"

Qual è il bisogno sotteso all'uso sempre più diffuso di cocaina e, in sua mancanza, al ricorso a psicofarmaci più o meno stimolanti? Abbiamo così bisogno di tono, di prontezza di prestazioni al massimo dell'efficienza che non ci facciano sentire la stanchezza, lo sforzo, la fatica? Oppure siamo così depressi che, senza quella sostanza o i suoi sostituti, non sapremmo essere all'altezza di quanto gli altri da noi si attendono o noi stessi pretendiamo da noi? E infine di che genere è quella depressione che spinge senza esitazione tanti giovani e non all'uso frequente e spesso incontrollato di questa sostanza?

Sappiamo che le sofferenze dell'anima non sono patologie fisse come quelle del corpo, perché subiscono l'influenza dell'atmosfera del tempo e il clima che si diffonde. Fu così che, a partire dagli anni settanta, la depressione divenne la forma della sofferenza psichica per eccellenza, che ha liquidato d'un colpo le forme "nevrotiche" che hanno caratterizzato il Novecento, riducendo di molto le chance della psicoanalisi nata e cresciuta come cura della nevrosi.

La nevrosi, infatti, è un *conflitto* tra il desiderio che vuole infrangere la norma e la norma che tende a inibire il desiderio. Come conflitto, la nevrosi trova il suo spazio espressivo nelle *società della disciplina* che si alimentano della contrapposizione fra il *permesso* e il *proibito*, una macchina che i più adulti fra noi conoscono perché regolava l'individualità fino a tutti gli anni cinquanta e sessanta. Poi, a partire dal Sessantotto e via via nel corso degli anni successivi, la contrapposizione fra il permesso e il proibito tramonta per far spazio a una contrapposizione ben più lacerante che è quella tra il *possibile* e l'*impossibile*.

Che significa tutto questo agli effetti della depressione e quindi della cocaina e degli psicofarmaci eccitanti a cui si ricorre come a un rimedio? Significa che nel rapporto fra individuo e società la misura dell'individuo ideale non è più data dalla docilità e dall'obbedienza disciplinare, ma dall'iniziativa, dal progetto, dalla motivazione, dai risultati che si è in grado di ottenere nella massima espressione di sé. L'individuo non è più regolato da un ordine esterno, da una conformità alla legge, la cui infrazione genera sensi di colpa (per cui il vissuto di colpevolezza era il nucleo centrale delle forme depressive), ma deve fare appello alle sue risorse interne, alle sue competenze mentali, alle sue prestazioni oggettive, per raggiungere quei risultati a partire dai quali verrà valutato.

In questo modo, dagli anni settanta in poi, la depressione ha cambiato radicalmente forma: non più il *conflitto nevrotico tra norma e trasgressione*, con conseguente senso di colpa, ma, in uno scenario sociale dove non c'è più norma perché tutto è possibile, il nucleo depressivo origina da un *senso di insufficienza* per ciò che si potrebbe fare e non si è in grado di fare, o non si riesce a fare secondo le attese altrui, a partire dalle quali ciascuno misura il valore di se stesso.

Questo mutamento *strutturale* della depressione, così ben segnalato dal sociologo francese Alain Ehrenberg,[24] ha fatto sì che i sintomi classici della depressione, quali la tristezza, il dolore morale, il senso di colpa, passassero in secondo piano rispetto all'ansia, all'insonnia, all'inibizione, in una parola alla fatica di essere se stessi.

E questo perché in una società dove la norma non è più fondata, come in passato, sull'obbedienza, la disciplina interiore e il senso di colpa, ma sulla responsabilità individuale, sulla capacità di iniziativa, sull'autonomia nelle decisioni e nell'azione, la depressione tende a configurarsi non più come una perdita della gioia di vivere, ma come una *patologia dell'azione*, e il suo asse sintomatologico si sposta dalla tristezza all'inibizione e alla perdita di iniziativa, in un contesto sociale dove "realizzare iniziative" è

---

[24] A. EHRENBERG, *La fatigue d'être soi. Dépression et société* (1998); tr. it. *La fatica di essere se stessi. Depressione e società*, Einaudi, Torino 1999.

assunto come criterio unico e decisivo per misurare e sigillare il valore di una persona.

Di qui il ricorso alla cocaina e agli psicofarmaci stimolanti per attutire l'ansia parossistica, oppure la perdita più o meno estesa di iniziativa, l'inibizione all'azione, il senso di fallimento e di scacco, fattori questi che entrano in implacabile collisione con i paradigmi di efficienza e di successo che la società odierna considera essenziali per riconoscere dignità e significanza esistenziale a ciascuno di noi. Del resto già Freud, considerando le richieste che la società esigeva dai singoli individui, a più riprese si chiedeva se alle volte:

> Non è forse lecita la diagnosi che alcune civiltà, o epoche civili, e magari tutto il genere umano, sono diventati "nevrotici" per effetto del loro stesso sforzo di civiltà? [...] Pertanto non provo indignazione quando sento chi, considerate le mete a cui tendono i nostri sforzi verso la civiltà e i mezzi usati per raggiungerle, ritiene che il gioco non valga la candela e che l'esito non possa essere per il singolo altro che intollerabile.[25]

Questa intollerabilità, a parere di Freud, era dovuta all'eccesso di regole che governano le società civili, e ciò consentiva di inscrivere la depressione nel novero delle "nevrosi", dove si registra il conflitto tra norma e trasgressione, con conseguente vissuto di colpevolezza. Oggi le norme limitative non esistono più, per cui ciò che un tempo era proibito è sfumato nel possibile e nel consentito.

Per effetto di questo slittamento oggi la depressione non si presenta più come un *conflitto* e quindi come una "nevrosi", ma come un *fallimento* nella capacità di spingere a tutto gas il possibile fino al limite dell'impossibile. E quando l'orizzonte di riferimento non è più in ordine a ciò che è permesso, ma in ordine a ciò che è possibile, la domanda che si pone alle soglie del vissuto depressivo non è più *"Ho il diritto* di compiere quest'azione?", ma *"Sono in grado* di compiere quest'azione?".

---

[25] S. Freud, *Il disagio della civiltà*, cit., pp. 629-630.

Quel che è saltato nella nostra attuale società è il concetto di *limite*. E in assenza di un limite, il vissuto soggettivo non può che essere di inadeguatezza, quando non di ansia, e infine di inibizione. Tratti, questi, che entrano in collisione con l'immagine che la società pretende da ciascuno di noi. E la coscienza di questo crudele fallimento sul piano della responsabilità e dell'iniziativa, o anche sul piano del mancato sfruttamento di una possibilità, amplifica immediatamente i confini della sofferenza e dell'inadeguatezza che sono presenti in ogni depressione e che i modelli sociali dominanti rendono ancora più dolorose e talora insanabili. Di qui il ricorso massiccio alla cocaina e agli psicofarmaci "tonificanti".

Possiamo scorgere l'origine dell'odierna depressione in due cambiamenti di tendenza registrati negli ultimi trent'anni della nostra storia circa il modo di concepire l'individuo e le possibilità della sua azione. Il primo cambiamento si è registrato verso la fine degli anni sessanta, quando la parola d'ordine dell'intero continente giovanile era "emancipazione" all'insegna del "tutto è possibile", per cui: la famiglia è una camera a gas, la scuola una caserma, il lavoro, e il suo rovescio il consumismo, un'alienazione, e la legge uno strumento di sopraffazione di cui ci si deve liberare ("vietato vietare").

Una libertà di costumi fino ad allora sconosciuta si coniuga a un progresso delle condizioni materiali, e nuove prospettive di vita diventano una realtà tangibile nel corso del decennio. Se la follia, nel comune sentire dei primi anni settanta, appare come il simbolo dell'oppressione sociale e non più come una malattia mentale, questo è appunto dovuto al fatto che tutto è possibile: il pazzo non è malato, è solo diverso, e soffre proprio per la mancata accettazione della sua diversità.

Su questa cultura preparata dal Sessantotto, ma che il Sessantotto aveva pensato in termini *sociali*, si impianta, per uno strano gioco di confluenza degli opposti, la stessa logica di importazione americana, giocata però a livello *individuale*, dove ancora una volta tutto è possibile, ma in termini di iniziativa, di performance spinta, di efficienza, di successo al di là di ogni limite, anzi con il concetto di limite spinto all'infinito, per cui oggi siamo a chiederci: qual è il limite fra un ritocco di chirurgia estetica e la trasformazione in androide di Michael Jackson, fra un'abile gestione dei propri umori attraverso farmaci psicotropi e la trasformazione in robot chimici o in veri e propri drogati, fra le strategie di seduzione troppo spinte e l'abuso sessuale, fra il riconoscimento dei diritti degli omosessuali e il diritto all'adozione, fra il desiderio di avere figli e le tecniche artificiali per ottenerli, fra il diritto alla salute e al prolungamento della vita e la manipolazione genetica? E questo solo per fare degli esempi che dimostrano come le frontiere della persona e quelle fra le persone determinano un tale stato d'allarme da non sapere più chi è chi.

Come scrive Augustin Jeanneau: "La liberazione sessuale ha sostituito la preoccupazione di *sbagliare* con la preoccupazione di *essere normali*".[26] Espressione sintomatica del cambiamento, non dissimile da quella segnalata da Vidiadhar S. Naipaul:

> Non potevo più rassegnarmi al destino. Il mio destino non era di essere buono, secondo la nostra tradizione, ma di fare fortuna. Ma in che modo? Che cosa avevo da offrire? L'inquietudine cominciava a mangiarmi dentro.[27]

E allora psicofarmaci, e se vogliamo anche un certo piacere: droga. Tra l'odierna depressione e la dipendenza da cocaina c'è infatti un parallelismo che approda a una sorta di complementarità. E questo perché sia la depressione sia la tossicodipendenza, per differenti che possano apparire, esprimono la patologia di un individuo che non è mai sufficientemente se stesso, mai sufficientemente colmo di identità, mai sufficientemente attivo, perché trop-

---

[26] A. JEANNEAU, *Les risques de une époque ou le narcissisme du dehors*, Puf, Paris 1986, p. 15.
[27] V.S. NAIPAUL, *A Bend in the River* (1979); tr. it. *Alla curva del fiume*, Adelphi, Milano 1982, p. 88.

po indeciso, troppo titubante, troppo ansioso, per cui depressione e tossicodipendenza sono come il diritto e il rovescio di una medesima *patologia dell'insufficienza*.

Il vissuto di insufficienza, causa prima della depressione odierna, attiva la dipendenza da cocaina per le promesse di onnipotenza che prospetta, lasciando intravedere la possibilità di infrangere la barriera che ci separa da quella meta agognata dove "tutto è possibile", "tutto è permesso". In questo modo si radicalizza la figura dell'individuo sovrano che paga naturalmente il conto con la schiavitù della dipendenza, che è poi il prezzo della libertà illimitata che l'individuo persegue.

Alimentando l'immaginario di poter maneggiare illimitatamente la propria psiche, senza i rischi di tossicità delle droghe "sporche", la cocaina sopprime i sintomi della depressione, che è un arresto nella corsa sfrenata a cui siamo chiamati e, accelerando la corsa, ci rende perfettamente omogenei alle richieste sociali.

Mettendo a tacere il sintomo, vietando che lo si ascolti, la cocaina induce il soggetto a superare se stesso, senza essere mai se stesso, ma solo una risposta agli altri, alle esigenze efficientistiche e afinalistiche della nostra società, con conseguente inaridimento della vita interiore, desertificazione della vita emozionale, omogeneizzazione alle norme di socializzazione richieste dalla nostra società a cui fanno più comodo robot automatizzati e automi impersonali che soggetti capaci di essere se stessi e di riflettere sulle contraddizioni, sulle ferite della vita, e sulla fatica di vivere.

Nel 1887, un anno prima di scendere nel buio della follia, Nietzsche annunciava profeticamente "l'avvento dell'*individuo sovrano*, uguale soltanto a se stesso, riscattato dall'eticità dei costumi".[28] Oggi, a più di cento anni dalla morte di Nietzsche, possiamo dire che l'emancipazione ci

---

[28] F. Nietzsche, *Zur Genealogie der Moral. Eine Streitschrift* (1887); tr. it. *Genealogia della morale. Uno scritto polemico*, in *Opere*, cit., 1968, vol. VI, 2, Seconda dissertazione, § 2, p. 257.

ha forse affrancato dai drammi del senso di colpa e dallo spirito d'obbedienza, ma ci ha inesorabilmente condannato al parossismo della prestazione, dell'iniziativa e dell'azione, nella più assoluta incapacità di essere noi stessi al di là delle richieste sociali di efficienza, iniziativa, rapidità di decisione e di azione, di cui non è dato scorgere il limite.

5. Drogati e spacciatori: due pesi e due misure

Negli anni settanta, la psichiatria cominciò a interrogarsi non tanto sui *metodi* più idonei di cura, quanto sui *fondamenti* teorici che giustificavano quei metodi. Questo genere di interrogazioni suscitò reazioni ostili da parte della città, sempre affamata di soluzioni e mai di problemi, di risposte e mai di domande. A Socrate che, inaugurando la filosofia, aveva messo in circolazione una serie di domande, la città riservò la cicuta, una droga (*phármakon*) che, nel momento in cui veniva somministrata dallo stato, diventava legale e contribuiva all'ordine.

Resta infatti da dimostrare che le droghe lecite, quelle autorizzate dallo stato – alcol e tabacco, per non parlare di quella droga chiamata "gioco" –, mietano meno vittime di quelle illecite – hashish, eroina, cocaina – proibite dallo stato. In questa strana incongruenza sembra si annidi non solo una sorta di inganno ideologico che maschera quanto vi è di inconfessabile nell'intenzione politica, ma anche quella riduzione di libertà che l'uomo sperimenta su di sé non per effetto delle *strategie del potere* (cosa che gli uomini conoscono dall'inizio della loro storia), ma per effetto delle *persuasioni indotte dal sapere*, rispetto alle quali le strategie del potere, come ci ricorda Foucault,[29] per quanto accanite e brutali, sono povera cosa.

Con ciò non intendo puntare l'indice sulle delibere di

---

[29] M. Foucault, *Écrits* (1971-1977); tr. it. *Microfisica del potere*, Einaudi, Torino 1977.

questo o quel governo, sulla manipolazione dell'industria dell'informazione, sul bisogno di quanti trovano a buon prezzo la loro innocenza individuando negli altri (drogati e spacciatori) i capri espiatori della loro cattiva coscienza, ma focalizzare un passaggio storico, avvenuto in epoca illuministica, quando alla visione mitico-religiosa del mondo è subentrata quella scientifica e, nella fattispecie, quella medica.

È noto che l'uomo non ha mai abitato il mondo, ma sempre e solo la descrizione che le varie epoche storiche si sono incaricate di dare al mondo. Altro è vivere in un mondo i cui riferimenti sono *mitici*, altro in un mondo i cui riferimenti sono *scientifici*. Se questo è vero, può essere che la droga sia diventata un problema non per la sua composizione chimica, ma per il fatto di essere stata sottratta al *mondo mitico-rituale* dove è sempre circolata con la facilità e la semplicità con cui si esprimono tutte le abitudini della vita quotidiana, per essere inserita in un *mondo scientificamente determinato*, in cui la ritualità, che cadenza comunque la vita dell'uomo, non trova più la sua andatura, perché il fattore chimico agisce nell'immaginario collettivo con l'inesorabilità che la crudeltà di un dio neppure sfiora.

Nella descrizione *mitico-religiosa* del mondo c'era più considerazione per l'uomo non ancora ridotto, come nella descrizione scientifica del mondo, a semplice *organismo*. Con questo non si vuol assolvere nessuna delle crudeltà che in nome di Dio sono state inflitte agli uomini, ma semplicemente dire che sotto ogni crudeltà e punizione e tortura, fino al supplizio della morte, c'era sottesa l'idea che l'uomo è *libero* di fare sia il bene sia il male e, proprio per ridurre questa riconosciuta libertà, si rendevano necessarie crudeltà, punizioni e torture, fino al supplizio della morte.

La *scienza* non riconosce all'uomo la sua *libertà*, e questo non perché è giunta a scoperte incontestabili, ma perché non rientra nel suo metodo, regolato dal determinismo della ragione matematica, prendere le mosse da una simile ipotesi. Per queste sue esigenze di metodo, la scienza, a partire da Cartesio, fu costretta a trasformare il *corpo vivente* in *organismo*,[30] e a indagare l'organismo come il fisico indaga un campo di forze.

Per effetto di questa *oggettivazione*, l'uomo è diventato una *cosa*, la cui espressione è leggibile nelle forze che la determinano. E come un ponte costruito per sostenere cinque tonnellate è impensabile che "si impegni" a reggerne dieci, così l'uomo, ridotto a organismo, è impensabile che "si impegni" a reggere una dose di droga. Una volta che si prescinde dal concetto di libertà si giunge al misconoscimento delle capacità di *autocontrollo* dell'uomo, che inevitabilmente porta, "su base scientifica", al *controllo esterno* dell'uomo ridotto a cosa.

Nella visione *mitico-religiosa* l'uomo è visto come un attore responsabile delle sue azioni, che possono essere insidiate dalla *tentazione* a cui l'individuo può resistere o soccombere. Non c'è visione mitico-religiosa che non prenda le mosse da una tentazione originaria in cui, insieme alle catastrofi previste come conseguenza del cedimento alla tentazione, c'è una celebrazione della libertà dell'uomo. Nella *visione scientifica* del mondo l'uomo è un organismo che non agisce liberamente, ma si esprime come risultato di una dinamica di impulsi o *forze pulsionali* individuabili a un'attenta analisi psicologica se non addirittura biologica.

In questo scenario, dove il concetto di "tentazione" che si offre alla libertà dell'individuo è stato scientificamente tradotto in quello di "forza pulsionale" che agisce alle spalle dell'individuo, è ovvio che per il contenimento di quest'ultima non ci si potrà affidare all'*autocontrollo* che l'immagine della tentazione evoca, ma al *controllo esterno* evocato dall'immagine di forza pulsionale che agisce in un soggetto al di là della sua libertà.

Ma allora spontanea sorge la domanda: la droga è

---

[30] Si veda a questo proposito U. GALIMBERTI, *Psichiatria e fenomenologia* (1979), Feltrinelli, Milano 2006, capitolo 3: "La ragione cartesiana e la grande lacerazione".

mortale perché più forte della libertà del soggetto, o perché la visione scientifica dell'uomo, non ospitando la categoria della *libertà* ma solo quella della *dinamica delle forze*, visualizza la droga come una forza a cui nulla si oppone se non una forza esterna superiore e contraria?

Come ci ricorda Thomas Szasz,[31] vedere nel drogato una *persona* che liberamente cede a una *tentazione* è ben altra cosa che vederlo come una *vittima* che non può non soccombere a una *forza* pulsionale irresistibile. La visione mitico-religiosa dell'uomo riconosce al drogato la *libertà*, dal cui cattivo uso consegue la *punizione*, anche nelle forme più crudeli che la storia testimonia. La visione scientifica dell'uomo, invece, è disposta a restituire al drogato l'*innocenza* (è una vittima), solo perché prima non gli ha riconosciuto la libertà di autodeterminarsi e di autocontrollarsi, avendo visualizzato la droga non come una *tentazione*, ma come una *forza* (irresistibile).

Analoga sorte spetta allo spacciatore. In uno scenario mitico-religioso lo spacciatore occupa il posto del diavolo tentatore o di una Eva tentatrice che mette alla prova Adamo. "Mettere alla prova" non è di per sé qualcosa di diabolico o di esecrabile, ma è semplicemente il passaggio necessario richiesto per uscire dall'infanzia attraverso l'esercizio della libertà. Se aboliamo il concetto di *tentazione* che sottintende quello di *libertà*, lo spacciatore è colui che innesca la "forza irresistibile" a cui la vittima non può che cedere. E allora nasce quella sociologia a due pesi e a due misure per cui il tentatore non "mette alla prova", ma "commette un reato", e il tentato che cede non è un "colpevole", ma gode dell'innocenza della "vittima".

I risultati di questa sociologia, che su base scientifica opera con due pesi e due misure, sono visibili in tutte le strade della nostra città, dove la prostituta in quanto *tentatrice* è perseguitata dalla legge, mentre il cliente, in

---

[31] Th. Szasz, *Cerimonial Chemistry* (1974); tr. it. *Il mito della droga. La persecuzione rituale delle droghe, dei drogati e degli spacciatori*, Feltrinelli, Milano 1977.

quanto cede a una forza a cui non può resistere, è *innocente* o al massimo, indipendentemente dalla sua volontà, è "disturbato nella sua condotta" e quindi di nuovo innocente. Lo stesso dicasi per il drogato, che non può fare a meno di comportarsi come fa, e quindi è innocente, mentre lo spacciatore, in quanto tentatore, è un criminale diabolico.

Ma perché questa sociologia che fa tesoro delle scoperte scientifiche mantiene la categoria mitico-religiosa della *tentazione* per lo spacciatore e per la prostituta, e adotta invece la categoria psico-biologica della *forza irresistibile* per il drogato e il cliente della prostituta? Per sottrarre al drogato e al cliente anche la sola ipotesi di avere a disposizione la libertà dell'*autocontrollo*, perché solo persuadendo gli uomini che non si possono autocontrollare si può esercitare su di loro il *controllo esterno* a cui il potere per sua natura e per sua essenza tende.

E così, concedendo a spacciatori e prostitute la prerogativa della "libertà", è possibile adottare nei loro confronti tutta quella serie di controlli, punizioni e reclusioni di cui la storia mitico-religiosa offre una ricca documentazione, mentre, adottando per il drogato e per il cliente della prostituta la categoria scientifica della "forza irresistibile" da cui scaturisce la loro innocenza, è possibile applicare a essi, con la benedizione della scienza medica, quel controllo esterno che è il dovere della cura.

Con due pesi e due misure, utilizzando insieme due visioni del mondo, quella mitico-religiosa e quella scientifica, tra loro antitetiche, il potere raggiunge in entrambi i casi il suo scopo che è quello di negare l'*autocontrollo*, come prerogativa inalienabile dell'uomo, per esercitare sugli uomini il *suo controllo*.

Il problema della droga non può essere affrontato solo a livello *sociologico* dove, tra test e campionature, lo sguardo resta in superficie senza mai azzardare uno strato di profondità; e neppure a livello *psicoanalitico* perché, non essendo ancora riuscita a emanciparsi dal seno materno, la psicoanalisi vede latte succhiato dal seno sia nel bicchiere dell'alcolista sia nella siringa del drogato.

Il problema della droga va affrontato anzitutto a livello di storia delle idee, quindi con uno sguardo *filosofico*, che può sembrare inutile ed essere trascurato per negligenza, per pigrizia o per una certa fatica che tutti avvertiamo di fronte all'astrattezza, ma non può essere evitato, se non si vuol scambiare per *razionale* ciò che è semplicemente *conseguente* a una determinata visione del mondo, dalla cui insidia non ci difenderà mai la nostra ignoranza.

6. *Per una cultura della droga*

Le strategie oggi in campo per trovare una via d'uscita al problema della droga sono l'approccio *organicista* della disintossicazione farmacologica e l'approccio *biografico-esistenziale* della comunità terapeutica, che appare più rispettoso dell'individuo e delle sue scelte. Pur nella loro radicale differenza, entrambe le strategie restringono il problema della *droga* al problema della *tossicodipendenza*, dove la parola più importante è "dipendenza", in cui vengono a trovarsi quei soggetti che affidano alle droghe l'incapacità di gestire la loro autonomia.

Così facendo sia l'approccio organicista sia quello biografico-esistenziale promettono di più di quanto medici e operatori di comunità, in piena coscienza, possono davvero attendersi. Infatti, il metodo farmacologico della disintossicazione rapida non fa che ripulire i recettori (anche se non è da escludere che una certa "impregnazione" ancora rimanga), senza intaccare la biografia del soggetto che ha trovato nell'assunzione della droga l'unico modo per poter sopravvivere. Ma se l'incontro con la droga è un incontro biografico (i recettori vengono dopo) che farà quella biografia nello stesso contesto di vita con i recettori ripuliti?

Ma anche la comunità terapeutica promette di più di quanto non mantenga. Qui la scommessa è con l'uomo, non con i suoi recettori. In comunità si instaurano stili di vita, abitudini, relazioni diverse rispetto a quelle consolidate nelle strade buie e periferiche delle nostre città. Ma poi si riesce a uscire dalla comunità capaci di vivere senza quel tessuto di relazioni comunitarie a cui il bisogno di dipendenza si è ancorato come un tempo alla droga?

Non sarebbe più corretto dire che le comunità assolvono la funzione che un tempo assolvevano i conventi, dove uomini bisognosi di regole riuscivano a esprimere il meglio di sé, fino alla santità, purché tutelati dalle mura del chiostro e dall'ordine rigoroso delle regole? Può darsi che per congedarsi dalla droga sia necessario anche un parziale e forse definitivo sacrificio della propria autonomia, e allora diciamolo, e in questo modo creeremo una cultura per cui, come un tempo, un figlio o una figlia in convento non rappresentavano una tragedia.

In realtà le cose non stanno così, perché lo scenario della tossicodipendenza non esaurisce il mondo della droga che, oltre a essere ben più vasto e variegato, è scarsamente leggibile sulla base della distinzione elementare tra "droghe pesanti" e "droghe leggere", non perché la differenza non esista, ma semplicemente perché la cultura giovanile non rispetta questa differenza.

Con ciò non voglio dire che dalle droghe leggere si passa a quelle pesanti, ma che le une e le altre sono di continuo mescolate nella pratica quotidiana, per cui se quasi tutti fumano gli spinelli (non chiudiamo troppo gli occhi nella beatitudine della nostra disattenzione assopita), molti tra di essi al sabato sera in discoteca si fanno di ecstasy, quando capita si calano un acido, e se non si bucano, difficilmente rifiutano di sniffare un po' di cocaina e all'occasione anche un po' di eroina, per non dire, per i meno fortunati, delle ubriacature dei fumi di benzina in mancanza d'altro.

A questo punto se vogliamo allargare il discorso dal problema della tossicodipendenza a quello più generale della droga, vista la diffusione sempre più capillare del fenomeno, nonostante i sonni tranquilli dei genitori, degli insegnanti e degli educatori, spingiamoci un passo più in là, oltre il limite dell'ipocrisia. E allora come abbiamo creato una cultura dell'alcol, per cui sempre meno incontriamo gente che beve quattro litri di vino al giorno, come abbiamo creato una cultura del tabacco, per cui sempre meno incontriamo gente che fuma ottanta sigarette al giorno, così si potrebbe creare una *cultura della droga* a partire dalla scuola.

La scuola, anche nei rari casi in cui riesce a trasmettere qualche contenuto culturale, quasi mai tiene conto della creatività, delle emozioni, delle identificazioni, delle proiezioni, dei desideri, dei piaceri e dei dolori che costellano la crescita giovanile, dove l'emozione, un tempo contenuta dalla povertà sociale e dalle istituzioni giovanili oggi in via di estinzione, vaga senza contenuti a cui applicarsi, ciondolando pericolosamente tra istinti di rivolta, che sempre accompagnano ciò che non riesce a esprimersi, e tentazioni di abbandono in quelle derive di cui il mondo della discoteca, dell'alcol e della droga sono solo esempi, e neppure quelli estremi, se solo pensiamo ai suicidi.

Per questo è necessario che a scuola, e in quel suo sostituto che è la televisione, si parli di droga in modo analitico, determinato, scientifico e persino filosofico, in modo che i giovani sappiano che cosa assumono, che effetto fa, che danni procura, che piaceri promette e da che visione del mondo scaturisce.

L'ignoranza non ha mai salvato nessuno e l'ignoranza dei giovani a proposito della droga è pari alla sua diffusione. Una cultura della droga toglierebbe la droga dal segreto e la priverebbe di quel *fascino iniziatico* che, tra i molti, è forse l'aspetto più attraente e più invitante. Ma possiamo sperare in una cultura della droga se nelle nostre scuole non è ancora avviata una cultura del sesso, quando per i nostri giovani il sesso non è neppure più un tabù?

Per tentare di capire il disagio sotteso al consumo della droga dobbiamo smettere di pensarci a partire dall'*animalità* come pretende la nostra cultura quando ci definisce "animali ragionevoli". Imprigionati da questa definizione, guardiamo le nostre passioni come gli animali guardano alla loro fame e alla loro sete, pure esigenze da soddisfare. Mai ci ha sfiorato il sospetto che le nostre passioni non abbiano tanto un *bisogno da soddisfare* quanto un *senso da dischiudere*. Non abbiamo mai riconosciuto loro dell'intelligenza. Rinchiuse nel fondo opaco e buio dell'animalità, le abbiamo considerate sempre come qualcosa da contenere.

Cos'altro significa infatti essere "ragionevoli"? Non essere ostinati, adattarsi alla realtà così com'è, controllare le emozioni profonde, guardarsi dagli amori passionali non meno che dagli odii. La ragione è *misura*, e chi non vi si attiene ospita quel desiderio "fuori misura" che lo colloca fuori dalla ragione. Ma il desiderio rimanda alle stelle (*de-sidera*), allo struggimento delle passioni. In mezzo l'immenso vuoto che separa l'abisso delle passioni dall'altezza del cielo. Certo la droga non colma questo vuoto, ma è in questo vuoto che essa nasce come desiderio, come anelito, come brama di vedere dove conducono le passioni, a cosa aspirano, a cosa tendono.

Le stelle sono in cielo, non a portata di mano. Dal cielo cade la pioggia, ma non cade anche l'azzurro. E chi vuole dal cielo anche l'azzurro? Non credo, infatti, che chi si droga voglia solo riempire un vuoto, o cerchi un generico desiderio di evasione fino alla perdita della memoria di sé. Penso che chi si droga voglia sperimentare ben altro, la *morte* per esempio. Non tanto come fatto, come esito biologico di un organismo che si disfa, ma come *esperienza del morire e del rinascere* che la nostra cultura, impegnata solo a esorcizzare la morte, più non concede, mentre i drogati forse la cercano, quasi per un'impossibilità di accettare una vita che sia puro accumulo e non anche rinnovamento. A ricordarcelo è Luigi Zoja, secondo il quale:

> Occorre ripristinare una cultura che non si ponga, rispetto alla morte, in un rapporto di semplice opposizione, che non la percepisca solo come la massima patologia del corpo, ma anche come una esperienza di trasformazione dell'anima, e che non cerchi di negar-

la, sentendola solo come fine, ma la valuti anche, simbolicamente, come inizio. La società in cui l'iniziazione aveva un ruolo istituzionale era anche una società in cui la morte aveva un posto ufficiale. Queste due condizioni sono venute a mancare, non a caso, contemporaneamente.[32]

Se il nostro tempo, regolato dalla rigida razionalità imposta dalla tecnica, ha espulso quelle che pure erano, e forse sono ancora, le grandi passioni dell'uomo, c'è da meravigliarsi se qualcuno le sperimenta secondo quelle modalità eroiche che portano fin dall'inizio i segni della sconfitta? Perché con i drogati si passa subito alla cura? Che paura esiste a capire e a leggere cosa vogliono raccontare con la loro immolazione negli angoli più insignificanti delle nostre città? Perché si guarda ai margini solo per rassicurarsi della nostra non-emarginazione? Perché si guarda ai bordi solo per sapere dove si deve contenere la nostra scrittura? E che cosa scriviamo, contenuti nei bordi, se non ricalcando parole già scritte che non debordano mai, che non vogliono capire di più?

Quel che resta da capire è la forma assunta dalla nostra vita che il drogato rifiuta. Il suo percorso è quello del sacrificio, neppure eroico perché non avviene sull'ara, ma ai bordi. Resta comunque il suo messaggio alla città che non mette più in circolazione la morte e la rinascita, ma solo la crescita, il progresso, lo sviluppo. In fondo gli uomini non hanno mai creduto, e forse ancora non credono, che questo itinerario possa avere un andamento tranquillo.

Certo ci affrettiamo a porre rimedio a tutti i mali, ma forse la fretta dei rimedi ha come sua lontana radice il desiderio di non vedere e non accettare il male per quello che ha di *costruttivo* e non solo di *distruttivo*. Ma questo sguardo esige lavoro. È un po' come l'azzurro del cielo che non cade con l'acqua, ma chiede di essere rapito.

---

[32] L. ZOJA, *Nascere non basta. Iniziazione e tossicodipendenza*, Raffaello Cortina, Milano 1985.

7.
Il gesto estremo

> Non importa se la gola è strozzata da un laccio, o se l'acqua soffoca il respiro, o se è il duro terreno a spezzare il cranio di quel che vi si schianta a capofitto, o ancora se sia una boccata di fuoco a mozzare il fiato. Sia come sia: la fine è veloce.
>
> SENECA, *Ad Lucilium de providentia*, 6, 9.

1. *Il gesto omicida*

L'hanno trovata morta in un cascinale abbandonato, vicino alla sua abitazione. Non si sa se il ragazzo che ha confessato il delitto abbia agito da solo o insieme ad altri, che per ora restano in quella cupa ombra dove la sessualità si mescola alla violenza, in quel cocktail micidiale che, a dosi massicce, la televisione quotidianamente distribuisce nell'indifferenza generale. Quel che è certo è che una giovane ragazza di quattordici anni, che era uscita con le chiavi di casa e il suo cellulare, come fanno tutti i ragazzi della sua età, a casa non è più tornata.

"Omicidio volontario premeditato, senza movente": questa è la sentenza per tre ragazze di sedici e diciassette anni che hanno confessato di aver ucciso una religiosa del convento di Chiavenna. Si uccide per amore, si uccide per vendetta, si uccide per odio. Le tre ragazze hanno ucciso "senza movente", come le loro coetanee di Castelluccio dei Sauri, condannate all'ergastolo per aver ucciso una loro amica "senza movente".

Ed è proprio questo "senza movente" la cosa che più preoccupa, e che inquieta ancor più dell'omicidio perché, una volta spezzato il nesso di causalità che di solito esiste tra un'azione e la sua motivazione, tutto si fa buio, indecifrabile, incomprensibile, e tutto può accadere, anche la cosa più terribile, senza che un segno, un sintomo, un indizio possa far presagire alcunché.

Fin dai suoi primordi l'umanità si è difesa dall'angoscia dell'imprevedibile andando affannosamente alla ricerca di nessi di causalità che consentissero, in presenza di un evento, di reperirne la causa. Quando la causa non era reperibile su questa terra, la si cercava in cielo, nell'intervento di Dio. Da qui sono nate le religioni, che rispondono al bisogno irrinunciabile di rintracciare nessi di causalità per non brancolare nel buio e nell'indecifrabile di fronte agli eventi incomprensibili della terra.

Per ironia della sorte, l'operazione dei carabinieri chiamati a indagare sull'omicidio della religiosa è stata battezzata "Raggio di luce". In realtà è buio pesto. Buio sul movente che pare non ci sia, non potendosi chiamare "movente" il bisogno delle tre ragazze di "emozionarsi", e buio nei loro cuori e nelle loro facce atoniche, se è vero che chi ha assistito al loro interrogatorio è rimasto sconvolto dalla totale indifferenza, tranquillità e serenità con cui le ragazze hanno risposto alle domande del procuratore, come se nulla fosse accaduto, o nulla per davvero le riguardasse.

Ma chi sono questi ragazzi e queste ragazze che uccidono "per gioco", per "provare un'emozione"? Come è fatto il loro mondo? Non dico il mondo dei giovani in generale, ma il mondo di questi adolescenti, che pure frequentano la scuola e dei quali Marco Lodoli ha descritto l'apparato cognitivo in questi termini:

> A me sembra che sia in corso un genocidio di cui pochi si stanno rendendo conto. A essere massacrate sono le intelligenze degli adolescenti, il bene più prezioso di ogni società che vuole distendersi verso il futuro. [...] La mia non è una sparata moralistica di chi rimpiange i bei tempi in cui i ragazzi leggevano tanti libri e facevano tanta politica. Io sto notando qualcosa di molto più grave, e cioè che gli adolescenti non capiscono più niente. I processi intellettivi più semplici, un'elementare operazione matematica, la comprensione di una favoletta, ma anche il resoconto di un pomeriggio passato con gli amici o della trama di un film sono diventati compiti

sovrumani, di fronte ai quali gli adolescenti rimangono a bocca aperta, in silenzio. [...]
In ogni classe ci sono almeno due o tre studenti che hanno bisogno di insegnanti di sostegno, non per qualche handicap fisico o qualche grave disturbo mentale. Semplicemente non capiscono niente, non riescono a connettere i dati più elementari, a stabilire dei nessi anche minimi tra i fatti che accadono davanti a loro, che accadono a loro stessi. Sono appena più inebetiti degli altri, come se li precedessero di qualche metro appena nel cammino verso il *nulla*. Loro vengono considerati ragazzi in difficoltà, ma i compagni di banco, quelli della fila davanti o dietro, stanno quasi nelle stesse condizioni. [...] Non riescono a ragionare su nessun argomento perché qualcosa nella testa si è sfasciato. Vi prego di credermi, non sono un apocalittico, sono semplicemente un testimone quotidiano di una tragedia immensa.[1]

A questa diagnosi, che posso tranquillamente confermare perché questi stessi ragazzi li ascolto quattro o cinque anni dopo, un po' più evoluti ma non tanto, all'università, resta solo da aggiungere che carenti non sono solo i nessi *cognitivi*, verbalizzati con un linguaggio che più povero non si può immaginare, ma anche quelli *emotivi*, per cui viene da chiedersi se questi ragazzi dispongono ancora di una psiche capace di elaborare i conflitti e, grazie a questa elaborazione, in grado di trattenersi dal gesto.

È morta a sedici anni Monica, che frequentava un istituto magistrale a Sesto San Giovanni, uccisa dal suo fidanzatino che frequentava lo stesso istituto e che, durante l'intervallo, le ha reciso la giugulare. Monica era tra le più brave della classe; il suo fidanzatino, nonostante fosse in ritardo di un anno, non se la cavava male. Il loro ambiente sociale era medio-borghese.

Si conoscevano e si frequentavano da tre anni. Forse erano alla fine del loro rapporto. Di certo è che, con il loro rapporto, hanno finito anche la loro vita. Lei per sempre, lui non potrà più continuare quella di prima. Il tutto a scuola, sotto gli occhi dei loro compagni e spero anche di

---

[1] M. LODOLI, *Il silenzio dei miei studenti che non sanno più ragionare*, "la Repubblica", 4 ottobre 2002.

qualche professore, uno dei quali ha dichiarato: "Davanti a una tragedia così, non c'è nulla da dire".

E se i professori, che hanno questi ragazzi tutti i giorni sotto gli occhi, non hanno nulla da dire, che speranza possiamo avere noi nella scuola che, se non è la sola responsabile, certamente non è innocente, perché non si può trascorrere ogni giorno quattro o cinque ore in mezzo ai ragazzi senza sapere neppure chi sono, e che cosa passa nelle loro teste vuote e nei loro cuori pieni.

I professori entrano in classe. Ma li vedono in faccia questi ragazzi? Li guardano a uno a uno? Li chiamano per nome? O solo per cognome quando devono essere interrogati? Sanno che la generazione di giovani con cui oggi hanno a che fare, non per colpa dei professori ma a causa delle rapidissime trasformazioni economiche, sociali e tecnologiche che li coinvolgono, sono di una fragilità emotiva impressionante? Sanno che l'emozione, se non trova il veicolo della parola, ricorre al gesto? Gesto truculento d'amore o gesto truculento di violenza?

Ma chi doveva insegnare a questi ragazzi a parlare, a utilizzare quell'abbondante letteratura a loro disposizione che insegna come un'emozione trova forma di parola, di poesia e di sublimazione dell'amore e del dolore? Altrimenti perché leggere Petrarca e Leopardi, Pirandello o Primo Levi? A quell'età la letteratura o è *educazione delle emozioni*, o altrimenti vale la pena di gettarla, e, come già si sta facendo, piazzare tutti gli studenti davanti a un computer e renderli efficienti in questa pratica visivo-manuale.

Vogliamo renderci conto che le emozioni scoppiano nell'adolescenza quando i figli allentano, se non chiudono, la comunicazione in famiglia, e l'unico sbocco comunicativo resta l'ambiente scolastico che su queste emozioni deve lavorare? Anzi questo è il suo primo compito, perché senza emozione non si crea nessun interesse e senza interesse nessuna volontà di applicazione.

E allora guai se tra i banchi di scuola, nel disinteresse emotivo dei professori, lo studente finisce per trovare solo quanto di più lontano e astratto c'è in ordine alla sua vita, in quella calda stagione dove il sapere, per difetto di trasmissione, non riesce a diventare nutrimento della passione e suo percorso futuro.

2. *Il gesto suicida*

Cari genitori, chi sono quei nostri figli che, senza nulla dire, se ne vanno per sempre con la stessa semplicità con cui si esce di casa? In Italia, infatti, tra i giovani sotto i venticinque anni, il suicidio è la seconda causa di morte dopo gli incidenti automobilistici, che solo per un differente livello di coscienza possiamo tenere distinti dai suicidi veri e propri che sono comunque quattromila all'anno, di cui il sessanta per cento nell'età compresa tra i quindici e i venticinque anni.

Mi rivolgo a voi, cari genitori, dopo essermi rivolto agli insegnanti, molti dei quali impegnati a far domanda di prepensionamento perché più non reggono le loro classi, e siccome voi in pensione dalla vostra funzione genitoriale non potete andarci mai, con voi c'è forse più tempo e più disponibilità per provare a capire quel deserto affettivo che sembra sia diventato il paesaggio abituale di molti dei nostri figli.

Un deserto che si espande da quel presente muto, in cui disabitano per invivibilità ogni evento, al passato che ha desertificato amori che non si sono radicati, creatività estinte al loro sorgere, ricordi che non hanno nulla a cui riaccordarsi, in quella solitudine frammentata dove l'identico, nella sua immobilità senza espressione, coglie quell'altra faccia della verità che è l'insignificanza dell'esistere.

Non si può parlare neppure di disperazione, perché la loro anima non è più solcata dai residui della speranza. E le parole che alla speranza alludono, le parole di tutti, più o meno sincere, le parole che non si rassegnano, le parole che insistono, le parole che promettono, le parole che vogliono lenire la loro segreta sofferenza languono tutte attorno a loro come rumore insensato.

Bisogna avere il coraggio di vivere fino in fondo anche l'insignificanza dell'esistenza per essere all'altezza di un dialogo con loro. E solo muovendosi intorno a questa loro verità, che è poi la verità che tutti gli uomini si affannano a non voler sentire, può aprirsi una comunicazione.

Comunicazione rischiosa, perché può tradire la nostra insincerità. Anche se giovane, chi ha deciso di morire è sensibile al volto che smentisce la parola, e il suo silenzio smaschera la finzione e l'inconsistenza. Perciò i volti dei nostri figli sono spesso rigidi e pietrificati. Abitando la verità dell'esistenza con tutto il suo dolore, essi non stanno al doppio gioco della parola che danza disinvolta sull'insensatezza della vita, o che, impegnata, indica una formazione di senso, laggiù ai confini del deserto.

Essi sanno che il confine, come l'orizzonte, è sempre al di là di ciò che di volta in volta appare come confine e orizzonte. Sanno che non c'è gioia nell'esserci, non c'è felicità nella sequenza dei giorni. Il sole che muore è lo stesso che risorge e, nel cerchio perfetto che il ritorno disegna, naufraga, secondo verità, il progetto che per un giorno s'era levato per reperire un senso nella vita.

L'invisibile armonia del cerchio che ripete se stesso spezza ogni irruzione rumorosa del senso. Il loro sguardo di pietra vede troppa progettualità nello sguardo degli uomini, troppa speranza che vuole seppellire disperazione, troppo desiderio che la fine si traduca in un fine. E allora il loro silenzio va ascoltato perché dice la verità che, con la nostra vita euforica, ogni giorno noi seppelliamo per la gioia della nostra epidermide, perché il loro sguardo di pietra è un atto d'accusa al silenzio che abbiamo imposto al nostro cuore.

Il colloquio è fatto solo di parole, ma le parole non si dicono solo, si ascoltano anche. Ascoltare non è "prestare l'orecchio", è farsi condurre dalla loro parola là dove la parola conduce. Se poi, invece della parola, c'è il loro silenzio, allora ci si fa guidare da quel silenzio.

Nel luogo indicato da quel silenzio è dato reperire, per chi ha uno sguardo forte e osa guardare in faccia il dolore, la verità avvertita dal loro cuore e sepolta dalle nostre parole. Questa verità, che si annuncia nel loro volto di pietra, tace per non confondersi con tutte le altre parole. Parole perdute per l'evento che ogni giorno tentiamo di disabitare dietro le maschere in cui sono dipinte ovvietà, incrostazioni di felicità, o recitate euforie.

Finché si parla della malinconia giovanile con le parole e i toni dell'atto consolatorio non si capisce la sua verità, che fa retrocedere tutte le parole nell'inarticolato che inabissa nel silenzio. Perforando il silenzio è possibile raggiungere quel grido taciuto che è tale perché non c'è parola che possa esprimerlo. Allora il silenzio diventa tumultuoso, e la loro malinconia prende a parlare, non con le nostre parole assolutamente euforiche o inutilmente consolatorie, ma con quelle rotture simili alla lacerazione delle ferite quando l'anima le conosce come ferite mortali.

E allora un invito ai genitori, soprattutto a quelli che si rivolgono ai figli solo per sapere come sono andati a scuola, e ai professori per ricordar loro che, quando sono a scuola, non hanno di fronte una "classe", ma tante facce diverse da guardare per davvero in faccia, a una a una, senza nascondersi dietro la scusa che non si è psicologi, perché non si è neppure uomini se non ci si accorge della sofferenza di un giovane.

A giovani siffatti, probabilmente disattenti a scuola, non perché la materia non è interessante, ma perché nulla è più interessante, che dice la scuola? E soprattutto quando avverte quei passaggi d'atmosfera in adolescenti che troppo presto, saltando tutte le stagioni, passano dalla primavera a cui la vita li aveva immessi in quell'inverno dell'anima dove anche il rigore del gelo si fa sempre meno avvertito, che dice la scuola?

E che dicono quelli che sono intorno a questo freddo, che dopo diventa un gelido addio, quando neppure sanno e neppure avvertono che una distanza, un tempo colmabile, è stata trascurata al punto da divenire abissale e impercorribile? In quel momento, nell'innocenza di tutti, impercettibilmente, un adolescente, ogni giorno, senza neppure lasciare tracce, dice "addio".

So che la prevenzione al suicidio degli adolescenti non rientra nei programmi ministeriali della nostra scuola, ma non sono pochi i giovani che si tolgono la vita o tentano di farlo. Ci provano di più le ragazze, riescono a farlo con più determinazione i ragazzi. Quando non se ne vanno muti, per la sfiducia nell'ascolto da parte degli adulti, una sfiducia che hanno sperimentato nella loro breve esistenza, abbandonano nei loro cassetti messaggi come questo di una quindicenne suicida, che largamente lasciavano presagire:

> A che serve tutto questo? Mi guardo intorno e tutto quello che riesco a vedere è una scuola e un mondo che possono andare avanti senza di me. Sono venuta al mondo per caso. La mia morte, ne sono sicura, non tarderà. Ho cercato tutti i giorni di capire il senso di tutto questo, ma non c'è senso. Anche se le guerre sono state già combattute, la mia battaglia deve ancora venire. Quando chiudo gli occhi il dolore si scioglie, quando li riapro di nuovo il dolore riemerge. Ho cercato di non strillare, non sarebbe comunque servito a nulla, sono persa in questa folla. Non potete far finta di non vedere. Ma sopravviverò finché la mia vita mi rimarrà appiccicata addosso.[2]

Questa estraneità tra sé e la vita, passata inosservata a quanti sono così dentro nella *propria* vita da non scorgere minimamente lo scollamento della vita *altrui*, impone a chi opera con gli adolescenti una riflessione sulla propria capacità di percepire e accorgersi di quelle esistenze precarie che sono le esistenze giovanili, dove assistiamo a gesti che non diventano stili di vita, azioni che si esauriscono nei gesti, progetti che si dileguano nei sogni, passioni di un giorno cancellate da una notte, incertezza di un corpo che si fa e si disfa a seconda delle ore del giorno, infedeltà ai modelli che si assumono per darsi un contegno, trasgressioni che si rinnovano per la creazione di un ordine nuovo, tappa inconclusa dell'eterno disordine.

[2] Nota lasciata da Teri, suicida a quindici anni, in A.L. BERMAN, D.A. JOBES, *Adolescent Suicide. Assessment and Intervention*, American Psychological Association, Washington 1991.

Sensualità imprecisa dove il cuore ha ancora legami con l'ideale e con il sesso, senza riuscire a decidere con chi dei due entrare in intensa relazione. Sguardo cattivo che non sa dove scatenarsi: se su di sé o sugli altri. Vigilie di notti in cui si celebra l'eccesso della vita oltre le misure concesse. Gioiosa confusione dei codici, fino al limite dove è il codice della vita a confondersi con quello della morte. Malinconie radicali che nessun diario riesce a contenere, perché il volume delle sensazioni è troppo al di là delle parole a disposizione.

Non chiedo agli insegnanti di farsi carico dell'esistenza dei giovani. Non tutti possono. Molti di loro avrebbero dovuto avere un'altra formazione ed essere stati educati ad altra sensibilità. Chiedo loro solo di riflettere su questa considerazione di Sigmund Freud:

> La scuola deve fare qualcosa di più che evitare di spingere i giovani al suicidio. Essa deve creare in loro il piacere di vivere e offrire appoggio e sostegno in un periodo della loro esistenza in cui sono necessitati dalle condizioni del proprio sviluppo ad allentare i legami con la casa paterna e la famiglia. Mi sembra incontestabile che la scuola non faccia ciò e che per molti aspetti rimanga al di sotto del proprio compito, che è quello di offrire un sostituto della famiglia e di suscitare l'interesse per la vita che si svolge fuori, nel mondo. Non è questa l'occasione di fare una critica della scuola nella sua attuale struttura. Mi è tuttavia consentito di mettere l'accento su un singolo punto. La scuola non deve mai dimenticare di avere a che fare con individui ancora immaturi, ai quali non è lecito negare il diritto di indugiare in determinate fasi, seppur sgradevoli, dello sviluppo. Essa non si deve assumere la prerogativa di inesorabilità propria della vita; non deve essere più che un *gioco* di vita.[3]

---

[3] S. FREUD, *Zur Einleitung der Selbstmord-Diskussion. Schlusswort* (1910); tr. it. *Contributi a una discussione sul suicidio*, in *Opere*, Boringhieri, Torino 1967-1993, vol. VI, pp. 301-302.

8.
I ragazzi del cavalcavia e l'insensatezza nichilista

> Teste vuote, come nessuno di voi può immaginare. Ho trovato il vuoto, il nulla. Quando potrete conoscere tutti i materiali di questa storia, capirete il loro vuoto tremendo.
>
> A. Cuva, Dichiarazione rilasciata alla stampa il 21 gennaio 1997.

1. *L'angoscia dell'inquietante e la maledizione*

Ci sono forme di nichilismo giovanile che hanno la loro radice in una sorta di speranza delusa circa la possibilità di reperire un senso, nell'inerzia in ordine a un produttivo darsi da fare, nella sovrabbondanza e nell'opulenza che funzionano da addormentatori sociali, nell'indifferenza di fronte alla gerarchia dei valori, nella noia, nello *spleen* senza poesia. I suoi tratti sono l'incomunicabilità, non come fatto fisiologico tra generazioni, ma come presa di posizione. Un vuoto pieno di rinuncia, assordato solo dalla musica a tutto volume.

Tutti questi fattori scavano un terreno dove prende forma quel genere di solitudine che non è la disperazione che attanaglia quanti un giorno hanno sperato, ma una sorta di assenza di gravità di chi si trova a muoversi nel sociale come in uno spazio in disuso, dove non è il caso di lanciare alcun messaggio, perché non c'è anima viva che lo raccolga, e dove, se si dovesse gridare "aiuto", ciò che ritorna sarebbe solo l'eco del proprio grido.

Nascono da qui *gesti senza movente* che ho voluto indagare scrivendo e incontrando i "ragazzi del cavalcavia" che così, per passare il tempo, gettavano i sassi sulle automobili che sfrecciavano sull'autostrada sottostante, giusto per fare "bingo", come in un videogioco. Il problema era come raggiungerli, come trovare il luogo dove erano, come catturarli, come parlare con loro. Non nel senso delle forze dell'ordine quando alla fine li trovano, li interrogano, li ammanettano, ma nel senso di come sia possibile raggiungere la loro mente, come trovare la dimora abituale della loro anima, come conoscere la loro lingua straniera, perché estranea alla comunità degli uomini, di tutti gli uomini.

Se per loro la vita è uguale alla morte, se la morte può essere inflitta ad arbitrio in regime di assoluta casualità, al primo che passa sotto un ponte d'autostrada, c'è da pensare se chi compie quel gesto appartiene ancora alla comunità degli uomini, dal momento che si è sottratto a tutte le regole, non solo a quelle del vivere civile, ma anche a quelle primordiali dell'amore e dell'odio che esprimono comunque una *ragione* e quindi la *spiegazione* di un gesto.

E allora, senza regole né civili né primordiali, come si fa a raggiungere i "ragazzi del cavalcavia" e quanti compiono azioni simili, come si fa a parlare con loro? Un certo giorno le forze dell'ordine li trovano, i giudici valutano la colpa e infliggono la pena, ma, così procedendo, non fanno altro che applicare il *principio logico* della causa e dell'effetto, quindi a parlare con una lingua che loro non capiscono, perché il loro gesto viene prima della logica, prima della ragione e della relazione causa-effetto, movente-gesto, colpa-pena.

E neppure la *logica del perdono* li può raggiungere, perché il perdono ha senso in chi riconosce la colpa di un gesto provocato da un movente, da un movente qualsiasi, fosse pure il più terribile degli odii. Ma loro non dispongono neppure di questo movente, perché ammazzare chi capita sotto un ponte, chiunque egli sia, qualcuno che neppure conoscono, è un fatto che esula anche dalla logica più elementare che è quella dell'amore e dell'odio. E quindi neppure con questi sentimenti umani si può raggiungerli e parlare con loro.

Se il discorso della *giustizia*, con la sua consequenzialità logica, non arriva a chi, come loro, compie delitti al di fuori di questa logica, se il discorso del *perdono*, che segue il principio dell'amore incondizionato, non perviene a chi come loro ammazza al di fuori della logica dell'amore e dell'odio, come si arriva a entrare nel loro cervello e nel loro cuore se non con un linguaggio che l'umanità ha conosciuto prima della logica, prima dell'amore e dell'odio, e che affonda la sua radice nell'impotenza potente della *magia*.

Tale è il linguaggio della *maledizione* lanciato dalla sorella della vittima, l'unico che può interloquire con il loro, perché, come il loro, viene prima del rapporto causa-effetto, movente-gesto, colpa-pena, e raggiunge il cervello e il cuore facendoli tracollare nell'angoscia dell'*inquietante* che, diffondendosi in tutti i volti che incontrano, su tutte le strade che percorrono, su tutti i sassi in cui inciampano, su tutti i ponti sotto i quali passeranno, su tutte le automobili che vedranno, su tutti i sogni che faranno, porterà la loro vita a quelle soglie dell'invivibile dove, se non si ammazzeranno per liberarsene, potranno forse capire la differenza tra la vita e la morte, quella differenza che era a loro ignota quando, da un ponte, giocavano a colpire le macchine che passavano sotto, come si gioca in un videogame.

Allora, e solo allora, si potrà cominciare a parlare con loro, perché solo quando avranno capito la differenza tra la vita e la morte potranno avvicinarsi prima alla differenza tra l'amore e l'odio, e poi alla differenza tra il gesto motivato e quello senza ragione e senza perché.

Portarli in tribunale prima che abbiano capito questa differenza significa infliggere una pena a persone che neppure sanno d'aver commesso una colpa. Perdonarli con un atto d'amore incondizionato significa rivolgersi, con il più nobile dei sentimenti, a chi è ancora così lontano dalla logica dei sentimenti, da non farli neppure entrare tra i moventi dei suoi gesti. E allora la maledizione della sorella della vittima, la maledizione, con tutto il suo corredo magico e inquietante, è l'unico linguaggio all'altezza del loro sentire.

In questa maledizione non c'è odio, anche se chi la pronuncia usa questa parola come ciascuno di noi usa le parole che ha a disposizione. L'odio, come l'amore, è un sentimento organizzato e potente che mette in atto una strategia che va a colpire nel segno. La maledizione è una minaccia impotente, ma che ha la possibilità magica di diffondere l'inquietante ovunque tu ti muova e volgi il tuo sguardo, in modo da assediarti e costringerti ad andare in rovina con le tue stesse mani. Tale era la pratica primitiva, usata anche dal Dio biblico quando intendeva mandare in rovina qualcuno e voleva che ciò accadesse con le sue stesse mani, senza misericordia.

Con la sua maledizione la sorella della vittima ha trovato la strada per raggiungere i "ragazzi del cavalcavia" e l'unico linguaggio possibile per parlare con loro. L'ha fatto controvoglia, perché non è facile rinunciare alla logica della giustizia e scendere un gradino sotto, non è facile rinunciare alla logica del perdono e scendere un gradino ancora più sotto, ma che cosa doveva fare per cercare di raggiungere quei ragazzi là dove erano e dove era possibile incontrarli, se abitano dimore ben al di sotto della logica della ragione che prevede che ogni gesto abbia un movente, e ben al di sotto della logica dei sentimenti, perché, nella loro perfetta indifferenza, ancora non distinguono l'amore dall'odio, e da nessuno dei due sentimenti fanno dipendere i loro gesti?

E allora va accolta la maledizione e a essa occorre attaccarsi come un naufrago a una corda che gli è stata lanciata, se non si vuole che la maledizione, con la magia della sua impotenza potente, diffonda l'angoscia dell'inquietante ovunque ci si muova. E questo per dare ai ragazzi del cavalcavia l'opportunità di sollevarsi all'altezza dei *sentimenti*, almeno i più elementari, dove è possibile distinguere l'amore dall'odio, e poi all'altezza della *ragione* dove ogni gesto chiede un movente, una spiegazione, un perché.

Nell'insensatezza, la stessa che ha prodotto il gesto omicida nella più assoluta casualità, non c'è orientamento neppure per chi l'ha compiuto, a cominciare dai suoi pensieri e dai suoi sentimenti che la maledizione, forse per la prima volta, agita da quel sonno profondo che li lasciava a un livello minacciosamente indifferenziato.

Se la maledizione tiene ed è in grado di far risalire i ragazzi del cavalcavia dall'abisso in cui si trovano, essi devono ringraziare quella donna che li ha maledetti. È scesa, rinunciando alla sua dignità e all'approvazione dei sonnolenti benpensanti, per trovare un linguaggio alla loro portata, e quindi per poter parlare nonostante tutto con loro. Perché questa è l'esigenza degli uomini, un'esigenza che forse un giorno capiranno anche i ragazzi del cavalcavia, se appena si lasceranno persuadere dall'intenzione di dialogo e quindi di amore che, nonostante tutto, è nascosta sotto ogni maledizione.

I ragazzi del cavalcavia, che qui abbiamo assunto come esempio paradigmatico di neppur troppo episodiche condizioni giovanili, si sono messi fuori dalla comunità degli uomini, non tanto per la *delittuosità* del loro gesto, quanto perché il loro gesto non ha alle spalle alcun *movente* né razionale né emotivo.

E quando si interrompe il rapporto causa-effetto, qualsiasi parola che a loro si dovesse rivolgere in termini di giustizia (colpa con *conseguente* pena) o in termini di perdono (riconoscimento della colpa con *conseguente* cambiamento di vita) non arriva alle loro menti e neppure al loro cuore, perché in loro si è inceppato il meccanismo che motiva le azioni e le rende leggibili agli altri, che è poi la prima condizione perché esista una comunità umana.

Di questi ragazzi dobbiamo pensare che tra *sé* e l'*angoscia di esistere* non c'è alcuno spazio di mediazione, quello spazio che l'umanità ha sempre cercato di procurarsi e che, nelle sue forme più diverse, porta il nome di "cultura", che non è solo un'educazione intellettuale, ma soprattutto educazione delle emozioni e quindi dei comportamenti.

2. *La lettera*

Fu così che, per cominciare a parlare e tentare di capire, scrissi ai ragazzi del cavalcavia questa lettera aperta: "Non capita sempre, ma nel vostro caso vi hanno identificato. E questa è una buona notizia, non perché le autostrade saranno più sicure, e neppure perché giustizia sarà fatta, ma perché almeno si può cominciare a *parlare* con voi, che sembrate giovani fuori da ogni logica e quindi da ogni possibilità di dialogo.

"Un dialogo collassato dal vostro gesto, che nessuna ragione della mente e del cuore riesce a spiegare. Neppure la folla che ha urlato fuori dal palazzo di giustizia dove vi hanno portato, perché, se l'urlo giustifica l'ira, non aiuta a capire. E nessuno deve dare una mano affinché il mondo si faccia sempre più incomprensibile e quindi imprevedibile nei suoi accadimenti.

"Dicono che siete tre fratelli e un cugino. Non conosciamo vostro padre e vostra madre. Non sappiamo neanche da chi e da che cosa potranno trarre conforto. Non siete infatti una compagnia di assortiti, ma avete un solo padre e una sola madre che vi hanno generato e cresciuto come un solo individuo indifferenziato. Tutte le vostre relazioni con gli altri, a giudicare da questa impresa, si estendono solo fino al cugino. E chi non incontra nessuno nella vita è difficile che capisca chi è un 'altro'.

"Il mondo degli oggetti in cui probabilmente siete cresciuti, dai giocattoli alla televisione, dalla televisione a internet, da internet ai videogiochi, non vi ha fatto capire la differenza tra le cose e gli uomini, e, come le automobili sullo schermo dei videogame, anche le macchine che corrono sulle autostrade per voi non contengono nessuno.

"Ma poi siete anche andati a scuola, io penso, e sarebbe interessante conoscere i maestri e i professori con cui siete cresciuti. A differenza dei vostri genitori, ai quali non è riuscito di far entrare nella vostra testa la differenza tra una cosa e un uomo, i vostri insegnanti qualche carta in più l'avevano, se non altro perché non erano accecati da quell'amore incondizionato con cui i genitori di solito aiutano e insieme ostacolano la crescita dei figli. Fateci sapere qualcosa dei vostri insegnanti, diteci se qualche volta vi hanno guardato negli occhi o invece sono passati vicino a voi come quando, camminando, si passa vicino ai muri.

"Oggi vi hanno identificato e, grazie a Dio, potete cominciare a parlare. Ma non dite solo come è accaduto il fatto, quanta birra avevate in corpo. Non andate a cercar ragioni che non avevate quando siete saliti sulla macchina per andare a fare un altro gioco. Adesso che potete cominciare a parlare, dite qualcosa di più.

"Dite come è fatta questa vostra giovinezza, perché è fatta così, perché agisce senza scopo e senza motivo, perché non si è fatta raggiungere da nessuna parola, da nessuna preghiera, da nessuna implorazione, neppure da una maledizione. Dite di che genere è quel mondo che voi siete, perché siete un mondo e non solo voi tre fratelli e un cugino. Come voi, infatti, ce ne sono altri che vi hanno subito imitato e altri che, anche se non vi imiteranno, sono come voi.

"Anche se vi ritenete di un altro mondo e disprezzate questo, il vostro gesto è caduto in questo mondo, e perciò con questo mondo dovete parlare. Non solo per chiedere perdono, non solo per sottomettervi al giudizio di questo mondo, ma perché nel vostro gesto forse c'era la prima parola che rivolgevate a questo mondo.

"Come ogni gesto, infatti, anche il vostro, pur essendo per noi incomprensibile, porta con sé un tentativo di comunicazione che non può non essere raccolto. Seppellirlo equivale di nuovo a non capire. E rifiutarsi di capire vuol dire da parte nostra accettare che queste cose accadono come accadono le tempeste o i flagelli sulla terra. Ma sulla terra dobbiamo capirci, perché unico è il mondo che ospita noi e voi, e qui dobbiamo intenderci.

"Se non potete restituire la vita che avete ucciso, restituiteci almeno uno straccio di motivazione che spieghi non il vostro gesto che ragione non ha, ma il tipo di uomo che voi siete e che forse è già una popolazione con cui stiamo convivendo a nostra insaputa. E sia per voi, sia per noi non si dà più società se il nostro vicino, quello normale, quello di tutti i giorni, quello che si incontra sulle scale di casa, sul posto di lavoro, al bar, è incomprensibile.

"Se voi, oltre che gli autori di un *gesto* assurdo, foste anche il *sintomo* di una società assurda, allora dobbiamo ricominciare a pensare tante cose da capo. Datecene la possibilità. Raccogliete tutte le parole di cui disponete e con quelle fate nascere un senso che, anche se insufficiente, sia almeno una parziale riparazione all'insensatezza del vostro gesto. Perché nella vita il tragico non è solo la morte, ma anche non riuscire a capirsi".

3. *Le teste vuote e la suonatrice d'arpa*

Quello che noi tutti non possiamo rassegnarci a non capire e a non colmare è quel *vuoto* che il procuratore che ha condotto le indagini sui ragazzi del cavalcavia denunciava.

> Teste vuote, come nessuno di voi può immaginare. Ho trovato il vuoto, il nulla. Quando potrete conoscere tutti i materiali di questa storia, capirete il loro vuoto tremendo.[1]

Per entrare in questo vuoto, dobbiamo per prima cosa non circoscrivere il fatto ai ragazzi del cavalcavia che hanno compiuto il terribile gesto, e non chiamare "branco" la loro "compagnia". Assimilarli alle bestie e con ciò sancire la loro assoluta differenza da noi, se da un lato ci restituisce a buon prezzo la nostra innocenza, se non addirittura la nostra "umanità", dall'altro non aiuta a capire. Qualche giorno dopo il fatto, su un treno, una ragazza dai lineamenti finissimi, che seppi dopo essere suonatrice d'arpa, diceva alla sua amica:

> Io quei ragazzi li capisco. Sono il frutto di quella generazione di genitori che hanno riempito i loro figli di cose, senza disporre di un attimo di tempo per farli crescere con loro, e far passar loro un po' d'amore. Io non la sopporto più la generazione dei miei genitori. Se non avessi incontrato l'arpa sarei finita anch'io sul cavalcavia. Se scoprono che sono davvero loro li condanneranno per omicidio, quando quello di ammazzare era l'ultimo dei loro pensieri. Per loro che erano sul cavalcavia, quelle macchine erano macchine vuote.

[1] A. Cuva, Dichiarazione rilasciata alla stampa il 21 gennaio 1997.

Guardavo i lineamenti finissimi di quella ragazza. Nessuna parentela con quelli di uno dei ragazzi del cavalcavia apparso in televisione. Eppure, nonostante le differenze di corpo, di cultura, di classe sociale e di educazione, la suonatrice d'arpa capiva i ragazzi del cavalcavia. Al pari di loro si sentiva orfana di cure genitoriali e d'amore.

> Noi della nostra generazione siamo diversi – proseguiva nella sua chiacchierata con l'amica – io sono molto contenta di appartenere a questa generazione. Usiamo tutte le cose di cui ci hanno rifornito con il disprezzo con cui si usano tutte le cose superflue, ma ciò che davvero ci importa è la comunicazione tra noi. Tra di noi sappiamo di poter contare gli uni sugli altri. E che non è "perso", come pensano i nostri genitori, quel tempo che passiamo a raccontarci. Ma loro non possono capire queste cose, perché, al di là delle cose di cui ci hanno rifornito e con cui pensano di averci amato, non capiscono niente.

Dalla posta dei lettori di "D la Repubblica delle Donne" ricevo una cartolina che illustra una stampa antica di piazza San Pietro in Vincoli con due suore che camminano verso una torre che si eleva su un paesaggio di campagna. Sul retro c'è scritto:

> Giovani (e) cavalcavia. La dialettica non è tra vita/morte, ma tra natura/mondo = tecnologia = merce. L'epoca della macchina non può che richiamare l'età della pietra.

La cartolina è firmata, ma la firma "Roberto" è preceduta da un p.s. (*post scriptum*). Non è una cartolina demenziale. Roberto si sente già fuori dall'epoca della tecnologia, delle macchine e delle merci, che sono poi quelle "cose" a cui i genitori si erano affidati per veicolare, senza un gran successo, il loro amore.

E allora distruggiamole queste "cose", queste "macchine", tanto non contengono niente, men che meno l'amore che dovevano surrogare. A questo punto il *vuoto* di cui parla il procuratore che ha indagato sui ragazzi del cavalcavia comincia ad acquistare una sua fisionomia, e il gesto dei ragazzi del cavalcavia, se non un principio di senso, almeno uno straccio di spiegazione. Ma la suonatrice d'arpa diceva un'altra cosa:

> Tra noi della nostra generazione ci intendiamo, possiamo contare l'uno sull'altro, la nostra comunicazione non passa attraverso le cose. Per questo mi piace la nostra generazione, perché sappiamo dire "noi", perché uno che dice solo "io" o se la tira o è fuori dal giro.

Se alla socializzazione restano solo miseri residui, perché il resto del sociale è egoismo, arrivismo, acquisizione di beni, di mezzi, di prestigio, nella più totale indifferenza del prossimo, con il quale al massimo ci si urta o accanto al quale si passa nella più completa indifferenza, allora qualcosa si comincia a capire di quel gesto in chi non ha possibilità e mezzi culturali per uno scambio sociale, soprattutto quando la società è più uno strumento per produrre, acquistare e fruire cose, piuttosto che luogo di possibili relazioni.

Che i sassi lanciati dal cavalcavia siano stati raccolti fuori da un supermercato è del tutto casuale, ma anche altamente simbolico. Quei santuari delle merci, dove nell'acquisto silenzioso e individuale la gente compensa una parte del proprio vuoto, dicono quanti santuari per le relazioni sociali dobbiamo ancora costruire, dove, invece delle merci, si possono scambiare emozioni, affetti e parole, senza i quali è molto difficile acquisire e mantenere la differenza tra le cose e gli uomini, e soprattutto percepire che le macchine che corrono sull'autostrada non sono macchine vuote, puri prodotti tecnologici, anche se la tecnologia tende sempre di più a farci dimenticare che cos'è un "uomo".

"Eppure ho fiducia nella nostra generazione," diceva la giovane suonatrice d'arpa. Dobbiamo partire per forza da qui. Non abbiamo scelta. Ma se decidiamo di partire da qui dobbiamo capire bene e per intero sia il discorso della giovane musicista che parlava di relazioni affettive che non passano attraverso le cose di cui i giovani sono riforniti, sia il discorso della cartolina illustrata spedita da Roberto che, nei ragazzi del cavalcavia, vede solo degli esempi di strati sempre più ampi di popolazione che della tecnologizzazione forzata del mondo fruisce solo dei cascami, al di fuori di qualsiasi orizzonte di senso che non si profila, non solo per i giovani del cavalcavia, ma forse neppure per noi.

E allora se l'*insensatezza* è il sigillo del gesto di quei ragazzi, non chiudiamo con un semplice atto giudiziario il discorso che con il loro gesto quei ragazzi hanno aperto. Se abbiamo riempito gli schermi televisivi e le pagine dei nostri giornali vuol dire che lo spessore opaco dell'insensatezza (di cui quel gesto è solo un sintomo), subdolo e per nostra cecità un po' nascosto, circola già tra noi, tra tutti noi. I ragazzi del cavalcavia l'hanno messo solo tragicamente in vista.

4. L'incontro: "Io sono come tutti"

Il procuratore della Repubblica mi concede un incontro con un ragazzo del cavalcavia che, per il diritto all'oblio, chiameremo con un nome di fantasia: Paolo. Appare come un ragazzo mite e, pur nella sua chiusura e nel suo scarso repertorio linguistico, simpatico. È abbastanza estraneo a se stesso, inserito in una storia che non percepisce come sua. I suoi punti di forza sono la famiglia e il lavoro, limitatamente ai soldi che dà.

Relazioni sociali esterne alla famiglia quasi nulle dal punto di vista emotivo. Se consideriamo che la scuola è il primo luogo in cui si acquisisce una partecipazione emotiva per l'"altro" che non è il padre, la madre, il fratello, bisogna dire che la scuola, con Paolo, ha fallito su tutta la linea, ed è la maggior responsabile della sua situazione.

L'*ambiente* è un centro di trentamila abitanti della Pianura padana dove c'è poco lavoro ma abbastanza soldi, e dove i giovani si ritagliano una compagnia che, più del paese, diventa il loro mondo.

La *famiglia* sembra l'orizzonte massimo delle relazioni emotive di Paolo. Fuori dalla famiglia restano solo un prete e una suora che hanno ribadito i valori della famiglia. I professori sono rimasti puri fantasmi.

Gli *amici* sono quelli del bar. L'impressione è quella di un'assoluta casualità delle relazioni esterne alla famiglia. Quindi rapporti superficiali e difficilmente integrabili al nucleo di personalità.

I *valori* di riferimento sembrano del tutto assenti, eccezion fatta per il lavoro, solo per i soldi che procura per aiutare la famiglia.

Il *carattere* è scarsamente individuato. Trae più forza dal gruppo familiare che dalla sintesi delle proprie esperienze.

Il *linguaggio* è costituito dalle solite duecento parole tipiche dei ragazzi che si fermano dopo la terza media dopo aver sperimentato, dell'obbligo scolastico, solo l'obbligo, senza aver incontrato nessun insegnante con cui aprire un canale di comunicazione emotiva.

* * *

Paolo è rimasto immobile e chiuso nel suo corpo per tutto il tempo del nostro colloquio che aveva accettato senza alcuna resistenza e direi con una certa disponibilità in presenza del suo avvocato.

Quando è venuta la polizia a prenderlo a casa gli hanno detto "Su, dai, vieni", e lui è andato tranquillo come quando un amico ti chiama per scendere al bar. I carabinieri, che dopo ha incontrato, già lo conoscevano, non perché avesse fatto qualcosa di strano: "Ma perché," dice Paolo, "ogni giorno girano nei giardinetti del paese e prendono il nome dei ragazzi che son lì".

La polizia e i carabinieri l'hanno trattato bene, solo il procuratore era un po' nervoso, diceva che non aveva dormito la notte. "Anch'io," dice Paolo, "gli ho detto che non ho dormito la notte dopo che mi hanno fermato."

E che cosa hai pensato quella notte?

"Niente." Questo "niente" ritorna di frequente nel nostro colloquio, spesso come spessa è la nebbia del paese di Paolo in certe giornate d'inverno. Sembra un "niente" di chi non sa, di chi si trova in una storia che non conosce. Al limite non conosce neppure se stesso messo dentro in quella storia, come se fosse la storia di altri, e lui stesso un altro.

Prima di quella storia la sua giornata passava così: "Mi alzo alle sette e un quarto, vado a prendere la mia ragazza che ha la mia età e l'accompagno a scuola, poi bevo un caffè in piazza e vado a lavorare fino alle quattro e mezzo. Alle cinque mi trovo con la mia ragazza sotto i portici, poi vado a casa a mangiare. Guardo un po' di televisione, non i giochi a premi ma i film, e alle undici vado a letto. Con me dormono i miei fratelli".

Parlate prima di dormire?

"No. Io ascolto a basso volume un po' di radio e poi mi addormento. La domenica si dorme fino a mezzogiorno perché si torna dalla discoteca alle tre, e al pomeriggio faccio un po' di portici con la mia ragazza e un po' di bar con gli amici. Una vita normale."

Dopo la parola "niente" anche la parola "normale" ricorre di frequente, dove "normale" vuol dire "come tutti". E vien voglia di chiedergli perché la sua faccia è come quella di tutti, anche i suoi capelli tirati in fila con un po' di gel, anche i suoi occhiali da vista, la sua timidezza, il repertorio delle sue parole, la sua calma quieta.

La tua ragazza ti è stata vicina in questa circostanza o ti ha lasciato?

"No, mi è stata vicina perché mi vuole bene, così come la mamma, anche lei mi vuole bene. Perché noi ci vogliamo bene tutti. Anche tra noi fratelli ci vogliamo bene. Ci vuole bene suor Teresa e il prete del paese." Suor Teresa è una suora che gioca a pallone, che va in bicicletta. E solo a nominarla gli occhi di Paolo si ravvivano. È l'unico segnale emotivo in due ore di colloquio.

Hanno detto che voi ragazzi confondete le autostrade che appaiono sui videogame con le autostrade vere.

"Quelli che dicono queste cose ci considerano degli scemi, come la gente che ci aspettava fuori dal tribunale ci considerava delle bestie."

Che effetto ti ha fatto?
"Niente, tanto io non avevo fatto niente."
E il confronto con tuo fratello davanti al procuratore? Eri emozionato?
"Sì, l'unica emozione che provavo è che avevo voglia di abbracciarlo."
Ti fidi dell'avvocato che il tribunale ti ha assegnato?
"Sì, i miei amici dicono che è il più bravo della città."
I tuoi amici? Anche i tuoi fratelli sono tuoi amici? Di solito uno va con la sua compagnia?
"Sì, noi abbiamo compagnie diverse, però siamo spesso insieme. Anzi a un fratello ho fatto persino conoscere quella che oggi è la sua ragazza. È una famiglia unita la nostra."
Nella tua famiglia c'è anche una sorella che si chiama proprio come quella povera ragazza morta sotto i sassi tirati giù dal cavalcavia.
"Be', questa mia sorella si è sposata ed è andata via di casa. Con lei non c'è un gran rapporto. Però adesso, per via di questa storia, ha telefonato tante volte. Noi vogliamo bene anche a lei, e anche lei a noi."
E il papà. Avete un rapporto con papà?
"Papà è malato. È caduto da un trattore e si è impigliato dentro in una manovra per evitare la macchina di un prete. Adesso deve guarire per tornare a lavorare come tutti noi."
E tu perché ti sei messo a lavorare dopo la terza media?
"Perché non andavo tanto bene a scuola."
Si occupavano di te i tuoi professori?
"Normale, come tutti."
Ne hai trovato uno con cui parlare, uno con cui aver più confidenza?
"No, i professori lo sai come sono, fanno il loro mestiere."
Hai imparato più dalla televisione che a scuola?
"In un certo senso sì."
L'hai visto in televisione il marito di quella ragazza uccisa sotto il cavalcavia?
"Sì l'ho visto, e non mi pare che soffra tanto."

Forse è solo una maschera che indossa davanti alle telecamere a cui nessuno di noi è abituato.
"Sarà così."
Anche intorno a te adesso ronzano giornalisti e telecamere. Che impressione hai di questo mondo?
"Niente, normale." A questo punto interviene l'avvocato di Paolo. Ha una faccia simpatica e un modo di fare che dice quanto sul serio ha preso l'incarico che il tribunale gli ha affidato. È andato a prendere Paolo a casa per evitare i giornalisti. Dice di loro che è un mondo duro, dove non si risparmiano colpi reciproci, dove si vendono le interviste. Dove le cose si dicono a poco a poco per creare la suspence del giallo.

Prima tre colpevoli, poi dubbio su tutto, poi un colpevole e due no, poi le telecamere sempre piazzate e pronte ad assalire. Una condotta, secondo l'avvocato, non dissimile dalla folla che urlava. La folla cercava il capro espiatorio, i giornalisti la notizia da condire e poi da vendere. "Io," dice l'avvocato, "adotto la religione del no. Nulla è vero finché non si verifica tutto."

Paolo fa un cenno d'assenso. Squilla un telefono. Paolo si toglie gli occhiali da vista, la sua faccia non cambia. È una faccia normale, come quella di tutti i ragazzi della sua età che non hanno troppi mezzi per mettersi in scena. Di quel fatto non sa niente.

E allora cosa pensi di quelli che hanno tirato i sassi dal cavalcavia?
"Boh, gente impazzita, gente fuori di testa."
E che senso ha fare questo gioco?
"Non lo so, per me niente."

Scendendo le scale dello studio dell'avvocato avevo l'impressione di essere capitato in una storia in cui non c'entravo, la stessa sensazione che mi aveva trasmesso Paolo a proposito della sua storia. Ma Paolo mi aveva dato anche un'altra impressione, quella di chi non c'entrava neanche con se stesso. Sì, certo, avevano preso lui. Lui era andato in tribunale e poi in stato di fermo, e poi davanti al procuratore, e poi davanti al fratello nel confronto diretto. Ma chi era lui?

Per diciotto anni l'avevano chiamato Paolo. Anch'io lo chiamavo Paolo. Ma chi era Paolo? Paolo era per lui stesso "uno come tutti". Qualcosa di abbastanza indifferenziato, e che, nell'indifferenziato, prima cercava compagnia, amicizia, amore, adesso cerca rifugio.

Arrivederci Paolo, verrò a trovarti di nuovo.

"Grazie, sarei contento."

9.
Le generazioni nichiliste

> Qui si esprime il fondamentale dato di fatto dell'umano volere, il suo *horror vacui*. Quel volere ha bisogno di una meta. E preferisce volere il *nulla*, piuttosto che *non* volere.
>
> F. NIETZSCHE, *Genealogia della morale*, Terza dissertazione, § 1.

1. *La generazione del pugno chiuso*

La davamo per archiviata. Ma, a sentire il ministro degli Interni Giuliano Amato, così non è.[1] Mi riferisco a quella generazione di giovani dal pugno chiuso, che a trent'anni di distanza si ripropone: o per una richiesta d'amnistia o per il riaccendersi di alcuni temibili focolai che nulla di buono lasciano presagire.

Di che si tratta? Di quel *terrorismo ideologico* che non rappresenta "una serie di provocazioni illecite destinate a passare", come si pensava negli anni settanta e forse ancora oggi da parte di chi sottovaluta i numerosi casi di minacce e insulti alle forze dell'ordine, ma neanche, come allora riteneva Rossana Rossanda, "la fisiologia di una società vivente di diversi soggetti e interessi nel loro maturare, incrociarsi, scatenarsi, cadere, modificare l'esistente".[2] L'una e l'altra interpretazione, infatti, rimangono sul *piano sociologico* e perciò leggono l'emergenza o come *aber-*

---

[1] G. AMATO, *Il terrorismo non è estirpato*, "la Repubblica", 28 maggio 2007: "C'è una pianta avvelenata che produce ancora oggi un frutto velenoso, una forte campagna di odio nei confronti delle forze dell'ordine, identificati da una ideologizzazione estrema come 'servi del capitalismo' da uccidere".

[2] R. ROSSANDA, *Emergenza: soluzione politica o amnistia*, "il manifesto", 16 novembre 1983.

razione del corretto procedere sociale o come *fisiologia* che sta alla base di ogni trasformazione sociale.

Finché le definizioni non sporgono dal piano sociologico, l'alternativa "amnistia" o "soluzione politica" resta una scelta conseguente alle definizioni date. Ma il terrorismo ideologico non è un fatto sociale, bensì la *rottura del patto sociale*. Il patto sociale, infatti, si regola sul *valore di scambio*. L'emergenza terroristica interrompe il valore di scambio e sposta tutto nella sfera dello *scambio simbolico* dove in gioco non è la *contrattazione*, ma la *sfida*.

Parliamo di sfida quando la contrattazione è abolita e il sistema non può rispondere se non con la morte del terrorista o con la propria morte. Tale è la violenza del simbolico che interrompe ogni forma di contrattazione che le società civili hanno faticosamente raggiunto con il progressivo emanciparsi dalle modalità primitive di convivenza.

In ogni azione terroristica, infatti, nessuno sa che cosa si può negoziare, non ci si accorda sui termini o sulle possibili *equivalenze di scambio*. Se i terroristi formulano delle richieste, queste sono tali che equivalgono a un rifiuto radicale a negoziare. Ed è appunto questa l'interruzione della *regola sociale* e quindi il passaggio all'*ordine simbolico*, la cui forza sta proprio nell'ignorare ogni tipo di calcolo e di scambio, per cui il sistema, che non vive che di negoziati, fosse anche nell'equilibrio della violenza, è messo in scacco.

La sfida simbolica è di un'efficacia enorme. Tutte le società primitive lo sapevano. La nostra lo sta riscoprendo, ma può nascondérselo leggendo il terrorismo come "aberrazione" o come "fisiologia" del sistema sociale. Gli anni di piombo non sono né l'una né l'altra cosa. Sono l'interruzione del rapporto sociale, perché rappresentano il rifiuto alla sua regola che trova espressione nella contrattazione, nel negoziato, nello scambio. Come scrive Jean Baudrillard:

> Qualsiasi morte è facilmente computabile nel sistema, anche le carneficine della guerra, ma non la *morte-sfida*, la morte simbolica, perché questa non ha più un equivalente contabile: essa dà accesso a un rilan-

cio inespiabile se non con un'altra morte. Nessun'altra risposta alla morte che la morte. Ed è ciò che accade in questo caso: il sistema è chiamato a suicidarsi a sua volta. Cosa che esso fa manifestamente con il suo smarrimento e il suo fallimento.[3]

Non dico che i giovani dal pugno chiuso ne siano consapevoli, ma questo non ha rilevanza, perché il simbolico opera comunque, al di là della loro e delle nostre consapevolezze. Opera ogni volta che tra i due contraenti si verifica quella situazione per cui uno dei due non ha più potere contrattuale. E questo può essere avvenuto negli anni sessanta e settanta quando lo stato, dopo il miracolo economico e l'introduzione di solide garanzie previdenziali, ha riempito la società di *doni* senza la possibilità del *contro-dono*. Già Nietzsche aveva colto l'*essenza del potere* nel dono senza la possibilità del contro-dono, anzi in questo aveva visto il colpo di genio del cristianesimo:

> Questo alleviamento del debito fu il colpo di genio del cristianesimo. Dio che paga se stesso. Dio che riesce da solo a liberare l'uomo da ciò che per l'uomo stesso è diventato irremissibile, il creditore che si offre per il suo debitore per amore (chi lo avrebbe mai detto), per amore del suo debitore.[4]

Il dono del lavoro, il dono del salario, il dono dei beni da consumare, il dono del tempo libero, il dono dei media e dei loro messaggi, tutto naturalmente sotto il monopolio del codice che non permette di replicare. Poi il dono della protezione, della sicurezza, della gratificazione, della partecipazione sociale, naturalmente nelle modalità previste, ma comunque tali da non consentire a nessuno di sfuggire. Avendo così ridotto i soggetti sociali da *contraenti* a oggetti

---

[3] J. Baudrillard, *L'échange symbolique et la mort* (1976); tr. it. *Lo scambio simbolico e la morte*, Feltrinelli, Milano 1979, p. 53. Questo concetto è stato ripreso in *L'esprit du terrorisme* (2002); tr. it. *Lo spirito del terrorismo*, Raffaello Cortina, Milano 2002, pp. 24-25.

[4] F. Nietzsche, *Zur Genealogie der Moral. Eine Streitschrift* (1887); tr. it. *Genealogia della morale. Uno scritto polemico*, in *Opere*, Adelphi, Milano 1968, vol. VI, 2, Seconda dissertazione, § 20, p. 291.

sociali *gratificati* dai doni, il sistema ha preparato il terreno all'irruzione del simbolico, che ritorce contro il sistema il principio stesso del suo potere: l'*impossibilità di risposta*.

Un sistema sociale, infatti, è sfidato quando è posto nella condizione di non poter rispondere con la sua logica che è quella della contrattazione, tipica di ogni società che si è emancipata dalla violenza simbolica che regolava le società primitive.

Se concordiamo che il terrorismo ideologico non è aberrazione sociale o fisiologia del sociale, ma *interruzione* del sociale e della sua regola, possiamo dirci usciti dagli anni di piombo quando la contrattazione riprende il sopravvento sulla sfida simbolica. È quanto sta accadendo con la legge sui pentiti, dove in un certo senso si assiste alla restaurazione dei contraenti e quindi al ritorno della contrattazione.

A questo punto l'*amnistia* è da scartare perché sarebbe un dono che torna a celebrare il potere che dona senza contropartita, e quindi a riproporre quel meccanismo perverso che abbiamo visto essere alla base delle sfide simboliche. La *soluzione politica* è invece da praticare se non si vuole che il sistema sociale s'infilzi sulla propria violenza, senza rispondere veramente alla sfida che gli era stata lanciata. Se la sfida, infatti, aveva avuto origine dalla privazione della *soggettività politica* in una società che si era vista gratificata dai doni, ma insieme *oggettivata*, non resta che la soluzione politica per restituire quella soggettività che l'abbondanza dei doni aveva sottratto.

Tutto ciò è possibile solo se si rileggono gli eventi non solo con gli occhi liberi dal velo dell'emergenza, ma soprattutto con gli occhi puntati sulla vera natura dell'emergenza che è l'emersione del simbolico per interruzione del rapporto sociale e della sua trama contrattuale. È questa una trama che si interrompe quando il potere nega l'altro come soggetto e gli toglie la possibilità di contrattare. Nascono allora le sfide simboliche come risposta totale all'impossibilità della contrattazione.

2. La "generazione x" degli indifferenti

Non abbiamo occhi, non abbiamo schemi di lettura per capire qualcosa di molti ragazzi tra i quindici e i venticinque anni, nonostante questa generazione sia stata studiata, classificata, vivisezionata da istituti di ricerca come mai era capitato ad altre generazioni di giovani.

Di loro si parla come del "pianeta degli svuotati" o come della "generazione degli sprecati", indecifrabili come una "x" ignota. I loro progetti hanno il respiro di un giorno, l'interesse la durata di un'emozione, il gesto non diventa stile di vita e l'azione si esaurisce nel gesto. La passione imprecisa non sa se aver legami con il cuore o con il sesso e non riesce a decidere con chi dei due entrare in intensa relazione.

L'aggressività non sa se scatenarsi su di sé o sugli altri, e l'ira di un giorno è subito cancellata da una notte, nella cui vigilia si celebra l'eccesso della vita oltre la misura concessa, in quella gioiosa confusione dei codici, fino al limite dove è il codice della vita a confondersi con quello della morte, se è vero, come abbiamo visto, che tra i giovani sotto i venticinque anni il suicidio è la seconda causa di morte dopo gli incidenti automobilistici. Un suicida su dieci raggiunge il suo obiettivo al secondo tentativo, senza che in famiglia, a scuola, o tra gli amici traspaia qualcosa del loro mal di vivere.

A questi ragazzi ha dedicato uno studio Stefano Pistolini che ha la fortuna di non essere né uno psicologo né un sociologo. Ha conosciuto i ragazzi non perché li guardava da una cattedra, ma perché li frequentava quando giocava a pallacanestro, quando faceva il chitarrista punk e adesso quando cura i pop festival internazionali e gli spazi serali in Rai. Una cultura giovanile guardata dall'interno, non con gli occhi statistici del sociologo, quelli tortuosi dello psicologo, quelli appannati e disinteressati dell'insegnante, ma con quella partecipazione che è tanto più strana perché si esprime all'interno di quella tribù giovanile che ha nella *non-partecipazione* forse il suo tratto più distintivo.

È una tribù che ha un basso livello di autoconsiderazione, una sensibilità fragile, introversa, indolente, un'inerzia provocata da un'eccessiva esposizione agli influssi della televisione, un'unica preoccupazione: procurarsi un'incredibile quantità di tempo libero per assaporare fino in fondo l'assoluta insignificanza del proprio peso epocale.

Di qui le frequenti fughe nel mito, il mimetismo nella ricerca, neppure troppo spasmodica, di un'identità venata dalla nostalgia relativa all'impossibilità di reperire radici proprie. Il tutto condito da un acritico consumismo, reso possibile da un'inedita disponibilità economica che, per disinteresse o per snobismo, questi giovani nemmeno utilizzano, perché le cose sono a loro disposizione prima ancora che le abbiano desiderate.

E così a questa tribù del malessere viene attribuita una valenza di *mercato* prima che di *identità*. Su di essa si buttano le nuove aree di profitto che hanno fatto proprie le istanze stilistiche, comportamentali ed espressive tipiche della condizione psichica di questa generazione, che la pubblicità, la produzione dell'abbigliamento, le agenzie di viaggio e l'industria del divertimento hanno decodificato molto meglio di quanto non abbiano fatto le statistiche sociologiche, le analisi psicologiche del profondo, la cultura devitalizzata della scuola, dove molti insegnanti neppure si accorgono che quei giovani, che sono ogni giorno sotto i loro occhi, non avvertono più alcuna corrispondenza tra quanto si apprende in classe e quanto si intravede dalle finestre dell'aula. Al di là dei vetri, scrive Stefano Pistolini:

> C'è l'America, la cui scoperta è questione di mesi per qualsiasi ragazzino del pianeta. Il tempo di essere svezzato, di appropriarsi delle categorie del discernimento e l'America diventa uno stato mentale, in certi casi un desiderio di appartenenza o un'evidente condizione di felicità aprioristica.[5]

---

[5] S. PISTOLINI, *Gli sprecati. I turbamenti della nuova gioventù*, Feltrinelli, Milano 1995, p. 11.

A questo punto comincia quell'*emigrazione mentale* verso il modello americano da parte di legioni di adolescenti, teenager e ventenni, che porta a quell'*omologazione planetaria* che Pier Paolo Pasolini denunciava come il rischio maggiore per le generazioni future, le quali, deprivate delle specificità locali ormai umiliate, sarebbero rapidamente entrate in crisi di identità.[6]

E così la gioventù di tutto il mondo, senza particolari sforzi, per il solo fatto di entrare in un McDonald's, nonostante la deprimente prospettiva alimentare diventa un satellite della cultura popolare statunitense che, trascinando con sé interi procedimenti esistenziali, si diffonde a pioggia come una necessità vitale al di sopra dei livelli minimi di sopravvivenza.

E da qui prende avvio quella "morte felice" della propria specificità, per imboccare quella strada a senso unico che compensa la carenza di identità con la sicurezza concessa dall'appartenenza alla tribù, fuori dalla quale resta solo la solitudine dell'anonimato sociale, dove si spalancano baratri insuperabili in ordine alla comunicazione che nemmeno il rumore assordante della discoteca riesce a colmare.

Nascono allora quelle malinconie che hanno abbandonato il tono del tumulto per frequentare le stanze della rassegnazione. E nei giovani meno autentici, neppure un attimo di disperazione, perché non si dà disperazione là dove la speranza si è da tempo congedata.

Le parole degli adulti – siano essi educatori, psicologi, insegnanti, esperti, genitori – dicono, ordinate, l'ordine della vita, ma gli adulti ormai, abbandonati dalla memoria della loro adolescenza peraltro inutile per capire questa adolescenza, inseguono quella comunicazione impossibile in cui è la loro ansia di sapere e, con essa, la loro ormai pienamente raggiunta incapacità di capire.

Archiviata con la troppo facile gioia di tutti la "generazione dei giovani dal pugno chiuso", perdendo così anche

---

[6] P.P. Pasolini, *Ragazzi di vita*, Garzanti, Milano 1955.

la speranza di poter sperimentare cosa diventa una mano quando il pugno si apre, oggi ci troviamo con la "generazione degli abbastanza" che secondo la relazione sui giovani realizzata dall'Eurisko: "Vanno abbastanza d'accordo con i genitori, che concedono loro abbastanza libertà e hanno abbastanza voglia di diventare adulti", ma non troppo in fretta. Nessun progetto per il futuro, anche perché non ci sono "abbastanza" opportunità, nessun ideale da realizzare, anche perché non ce ne sono di "abbastanza" coinvolgenti.

Ma che ne è di una società che fa a meno dei suoi giovani? È solo una faccenda di spreco di energie o il primo sintomo della sua dissoluzione? Forse l'Occidente non sparirà per l'inarrestabilità dei processi migratori contro cui tutti urlano, e neppure per la minaccia terroristica che tutti temono, ma per non aver dato senso e identità, e quindi per aver sprecato le proprie giovani generazioni.

3. La "generazione Q" dal basso quoziente intellettivo ed emotivo

Conoscono la differenza tra il bene e il male e se ne fregano. Che si tratti dei ragazzi che per festeggiare la fine degli esami di maturità impediscono a un extracomunitario di risalire l'argine del fiume, che si tratti dei ragazzi del cavalcavia che non per volontà omicida, ma così, scaraventano pietre sull'autostrada, che si tratti di studenti universitari che, non per ragioni premeditate, ma così, traforano il cranio a una studentessa, sono questi i rappresentanti di quella "generazione Q", come la chiama il sociologo tedesco Falko Blask, dove "Q" sta per "quoziente intellettivo ed emotivo non particolarmente elevato", che si è aggiunta alla "generazione X" raccolta nella sua rassegnata commiserazione. Blask parla di chi è affetto dal "fattore Q" come di:

Un buffone cosmico, fantasioso ed egocentrico, che rappresenta l'incarnazione ideale del mascalzone, privo di scrupoli, ma equanime, al di là del bene e del male.[7]

Quanto basta per definire i seguaci del "fattore Q" affetti da *sociopatia* o *psicopatia*, due parole che stanno a designare quella condizione psicologica per cui il soggetto non prova alcuna risonanza emotiva per le azioni che compie, anche le più criminose.

Nell'Ottocento questa sindrome veniva chiamata *oligotimia*, con riferimento a quel disturbo della personalità proprio di chi, incapace di realizzare un'adeguata integrazione nel proprio contesto socioculturale, si trova molto spesso nelle condizioni di trasgredire norme etiche e sociali che condizionano la convivenza umana.

Per questo tratto peculiare non episodico, ma fondamentalmente stabile e costitutivo, la *psicopatia* è detta anche *sociopatia*, un termine introdotto da J.A. Koch che, nel 1891, ribattezzò come "inferiorità psicopatica" quelle forme d'esistenza che la psichiatria precedente definiva affette da "follia morale" o "imbecillità morale".[8]

In questa accezione il termine ricorre anche in R. von Kraft-Ebing per definire le perversioni e le anomalie sessuali,[9] e in psicologia criminale, dove ritorna per rubricare le forme di "personalità abnorme", con riferimento alla "norma" che regola i rapporti sociali. In seguito K. Schneider distinse la psicopatia dalla *psicosi* perché la personalità psicopatica non è destrutturata, e dalla *nevrosi* perché il disturbo non nasce da un conflitto, ma da una predisposizione costituzionale.[10]

I tratti caratteristici della personalità psicopatica intorno a cui si registra un maggior consenso sono: un'im-

---

[7] F. BLASK, *Ich will spass* (1996); tr. it. *Q come caos. Un'etica dell'incoscienza per le nuove generazioni*, Marco Tropea, Milano 1997, p. 10.

[8] J.A. KOCH, *Die psychopathischen Minderwerigkeiten*, Maier, Ravensburg 1891.

[9] R. VON KRAFT-EBING, *Psychopathia sexualis* (1886); tr. it. *Psicopatia sessuale. Perversioni e anomalie*, Edizioni Mediterranee, Roma 1975.

[10] K. SCHNEIDER, *Die psychopathischen Persönlichkeiten*, Deutliche, Wien 1950.

maturità affettiva che nasconde una puerilità di fondo con conseguente insofferenza alle frustrazioni, incapacità di esprimere sentimenti positivi come simpatia e gratitudine, vita sessuale impersonale e non coinvolgente, apatia morale con assenza di sentimenti di rimorso o di colpa, mancanza di responsabilità, falsità e insincerità sistematiche, condotta antisociale non episodica o impulsiva, ma costante e programmata, che spesso mette capo a condotte delittuose realizzate con freddezza e indifferenza.

Circa le cause, in passato dominò l'interpretazione *organicista* formulata da Cesare Lombroso che incluse la psicopatia tra le forme di "degenerazione".[11] Oggi prevale l'interpretazione *psicogena*, che fa risalire la psicopatia a una mancata integrazione dell'affettività nel corso dei primi anni di vita, con conseguenti carenze sul piano emotivo, e difficoltà di identificazione, che portano a un ideale dell'io informe e confuso.

La psicoanalisi a orientamento freudiano vede l'origine della personalità psicopatica nei primi rapporti del bambino con la figura materna inconsistente, anaffettiva o ambigua, da cui scaturisce la successiva costituzione psicologica caratterizzata da un Io debole, da un Super-io assente con conseguente mancanza di rimozione delle richieste pulsionali dell'inconscio, che verrebbero immediatamente agite e non differite ed elaborate. Di qui la proiezione continua dell'aggressività sul mondo esterno.

Ma a sentire Falko Blask oggi la psicopatia o sociopatia non sarebbe più la sindrome di alcuni, ma il modo di vivere di un'intera generazione, ben descritta nel romanzo *Blue Belle* dello scrittore americano Andrew Vachss, dove:

> Il sociopatico segue solo i suoi pensieri, procede per la sua strada, avverte solo il proprio dolore. Sì. Non è forse la via giusta per sopravvivere in questo letamaio? Aspetta il tuo momento, abbassa la visiera. Non lasciare che ti leggano il cuore.[12]

---

[11] C. LOMBROSO, *L'uomo delinquente in rapporto all'antropologia, alla giurisprudenza e alle discipline carcerarie*, Hoepli, Milano 1876.
[12] A. VACHSS, *Blue Belle*, Mondadori, Milano 1993, p. 38.

Questa indifferenza egocentrica, abbinata alla rinascita del concetto di destino ("Sono fatto così"), dà luogo al più potente esplosivo sociale del nostro tempo, da cui non si salva neppure la cultura piccolo-borghese della nostra società gratta e vinci, che passa le serate davanti alla televisione, dove il "fattore Q" inorridisce e insieme affascina, se è vero che il serial killer sospettato di aver ucciso Versace diventa star dei media, così come eroi delle letture più frequenti in metropolitana diventano quei pazzi sanguinari dal grilletto facile o gli stupratori dei bambini, protagonisti delle conversazioni quotidiane nelle redazioni e a tavola.

Portando alle estreme conseguenze il principio di non dover mai chiedere il permesso a nessuno, i sociopatici della "generazione Q" non chiedono più nulla nemmeno a se stessi, e si dedicano totalmente al compito di inventare nuove regole del gioco laddove grava la routine, oppure si concentrano sulle possibilità di escogitare qualche sorpresa dove domina l'angoscia dell'eterna ripetizione. Inscenano in questo modo tutta la loro vita come un esperimento sociale dall'esito incerto e vanno su di giri al semplice ed esaltante pensiero che ciascuno nella propria vita va in diretta ventiquattro ore su ventiquattro.

Quando sento parlare di scuola pubblica e scuola privata e penso a questi potenziali appartenenti alla "generazione Q", capisco quanto la politica giochi con se stessa, senza neppure l'eco lontana che viene dalla società che dovrebbe amministrare, dove non servono tanto transenne sui fiumi, tornelli all'ingresso degli stadi, orari anticipati di chiusura dei locali, maggior spiegamento delle forze dell'ordine, perché il male non è tanto nei luoghi della città quanto nell'animo di questi giovani, dove famiglie dai genitori distratti e scuole dai professori annoiati hanno celebrato il loro fallimento.

Ma qui non servono geremiadi e lamentazioni, occorre trovare nell'incapacità di stabilire relazioni, che è tipica delle nuove generazioni, su cui si interrogano dolenti sociologi e psicologi che deplorano con crescente petulanza il presunto abbrutimento dell'individuo post-moderno, che cosa motiva la condotta dei seguaci del "fattore Q", a cui non appartengono solo i giovani che festeggiano la maturità buttando nel fiume gli extracomunitari, i ragazzi del cavalcavia, gli studenti universitari che sparano senza una ragione, ma anche i giovani in carriera che si concedono il lusso dell'uso costante di alcol e droghe, fedeli al motto: "Se il mondo non funziona, io bevo o mi faccio".

Criticare i single misantropi, i carrieristi ambiziosi, gli egocentrici troppo restii ad aprirsi alle relazioni con gli altri significa lavarsi la coscienza con detersivi a basso costo. Disapprovare il bisogno spasmodico di apparire, la promiscuità, la perdita dei valori, la mania di protagonismo significa non capire che, dopo la scomparsa delle ideologie e degli ideali ritenuti eterni, i seguaci del "fattore Q", con più coraggio della generazione che li ha preceduti, guardano in faccia l'incertezza dell'esistenza e, senza sfuggire a questo vuoto di significati da fine della storia, scoprono una forma di ottimismo egocentrico dove il motto è, come scrive Falko Blask:

> Meglio esagitati ma attivi che sprofondati in un mare di tristezza meditativa, perché se la vita è solo uno stupido scherzo, dovremmo almeno poterci ridere sopra.[13]

Questo è lo scenario dei seguaci del "fattore Q", che però non vanno intesi come una setta, un gruppo o una tribù. Il "fattore Q" è un atteggiamento, un modo di relazionarsi alla vita, dove si agisce come virtuosi dell'irresponsabilità, senza alcun riguardo per la propria storia personale, senza rispettare impegni e senza temere le eventuali conseguenze del proprio agire, dal momento che tutte le scelte vengono considerate revocabili: dalla professione al matrimonio, dall'identità sessuale alla gravidanza.

Dalla perdita di identità, che si costruisce solo con la consequenzialità delle proprie azioni e con l'irrevocabilità delle proprie scelte, nasce quel frazionamento psichico do-

---

[13] F. BLASK, *Q come caos*, cit., p. 13.

ve l'identità vive nel gesto misurato non sulla scala del bene e del male, di cui non si distingue più il confine, ma sulla scala della noia e dell'eccitazione, della ripetizione e della novità.

Nell'esperienza ormai assaporata dai giovani circa la loro *non incidenza*, neppur minima, di cambiare le regole di una società *tecnologicamente*, e non politicamente o moralmente ordinata, ognuno va alla ricerca della nicchia adeguata dove poter mettere in scena la propria disarticolata avventura, che appare naturalmente come un'esplorazione delle sconosciute possibilità dell'esistenza.

Ma soprattutto i seguaci del "fattore Q", che non sono solo giovani, ma ciascuno di noi per un certo stile di vita, hanno ormai imparato a rifiutare la comunicazione e a negare l'accesso al proprio cuore, perché preferiscono tenerlo ben nascosto al centro di un labirinto, in cui gli altri possono solo vagare senza alcuna speranza.

4. *Il silenzio degli squatter*

Dopo la "generazione dei giovani dal pugno chiuso" che, con il grido insurrezionale e con il gesto anche violento, volevano cambiare il mondo e gridare in faccia qualcosa a qualcuno, siamo precipitati nel *collasso della comunicazione*: o perché non si ha niente da dire ("generazione X" degli indifferenti), o perché si è incapaci di stabilire relazioni ("generazione Q" dei sociopatici), o per decisa volontà di non parlare, di non raccontarsi e di non farsi raccontare, perché si è persa qualsiasi forma di fiducia in chi ha la possibilità di rispondere, e non risponde.

Siamo agli "squatter", che non sono figli del benessere e neppure figli della noia. Non assomigliano nemmeno ai loro predecessori dal pugno chiuso, perché costoro volevano cambiare il mondo e lo urlavano a quanti lo volevano tener fermo nella roccaforte dei loro solidificati interessi, mentre gli squatter a questo cambiamento del mondo non ci credono più. E allora non gridano *rivoluzione*, ma disperata *ras-*

segnazione. Una rassegnazione che conoscono quanti non solo non ritengono che le cose possano cambiare, ma neppure che gli altri, gli uomini dell'informazione, della politica, della scuola, del mondo del lavoro, possano capire.

Dopo aver assaporato l'irrilevanza della loro incidenza sociale, gli squatter vanno alla ricerca di una nicchia dove poter mettere in scena la loro disarticolata ed epocale sventura. Dico *epocale* perché è la prima volta nella storia che, come vuole l'indicazione di Hegel,[14] un "servo" non ha davanti un "signore" con cui prendersela, perché i padroni sono diventati, come i loro dipendenti, a loro volta semplici funzionari di un sistema (il mercato) che entrambi li trascende.

Accade così che per la prima volta un "disagiato sociale" non può prendersela con la politica, perché ha annusato che la *politica* non è più il luogo delle decisioni, essendosi questo luogo trasferito altrove: nell'*economia* organizzata quasi esclusivamente da fattori tecnici. Ma la *tecnica*, ognuno lo sa, e gli squatter lo fiutano, non ha fini da realizzare, né altro scopo a cui tendere che non sia il proprio potenziamento. E ciò trasforma subito il *lavoratore* in un semplice e anonimo *col-laboratore* di questo potenziamento senza scopo e senza perché.

A tutto questo lo squatter dice no! E siccome l'età della tecnica non offre più uno scenario dove si possono scontrare, come pensava Marx, due volontà, quella del "servo" e quella del "signore", ma uno scenario di automatismi tecnici muti ma efficaci e funzionali, con chi dovrebbero parlare gli squatter? Con i politici che si trovano nella condizione di non poter decidere, ma solo far eseguire la sequenza ordinata di questi automatismi? Con gli uomini dell'informazione che ogni giorno spiegano gli atti *esecutivi* e non *decisionali* della politica, che agli squatter appare come un sovrano spodestato?

---

[14] G.W.F. HEGEL, *Phänomenologie des Geistes* (1807); tr. it. *Fenomenologia dello spirito*, La Nuova Italia, Firenze 1963, vol. I, capitolo IV, A: "Indipendenza e dipendenza dell'autocoscienza: signoria e servitù".

No, gli squatter cercano una boccata di senso nel mondo dell'insensatezza, che ha come sua unica direzione la crescita infinita senza ragione e senza perché. Resta da capire se l'eco-terrorismo, di cui gli squatter sono stati inizialmente accusati, abbia qualche attinenza con il mondo della tecnica che vediamo come causa prima della mancanza di senso dilagante.

Ma gli squatter non parlano. E forse il loro silenzio è l'unica risposta adeguata al silenzio dell'automatismo tecnico, che procede senza una direzione, senza uno straccio di spiegazione, senza una parola, spinto avanti solo dal proprio cieco e inarrestabile potenziamento, che non dà gioia a nessuno, né prospettiva, né futuro fornito di una qualche prospettiva. Non è assolutamente facile vivere in queste condizioni, e gli squatter lo dicono portando in manifestazione il loro silenzio.

5. *I ragazzi dello stadio e la violenza nichilista*

Non è l'unica, ma quella degli stadi è la violenza più emblematica, messa in atto da quanti, ogni domenica, con una cadenza ormai rituale, sono soliti provocare incidenti, guerriglie neppure tanto simulate, con i loro passamontagna calati, perché la violenza è codarda, con i loro fumogeni che annebbiano l'ambiente per garantire impunità, le loro sassaiole che piovono come grandine da tutte le parti in modo che non ti puoi difendere, con i petardi, che quando non spaventano, feriscono, con le loro bombe-carta che uccidono.

Qui i colori politici sono irrilevanti, perché il calcio si è sempre definito, con un po' di ipocrisia, "politicamente neutrale", e questa neutralità apre le porte al piacere dell'eccesso, allo sconfinamento dell'eccitazione, al rituale ripetuto della messa in scena, alla festa del massacro, alla socievolezza dell'assassinio, al lavoro di gruppo dei complici, alla pianificazione della crudeltà, alla risata di scherno sul dolore della vittima, dove la freddezza del calcolo è inscindibilmente intrecciata alla furia del sangue, la noia dello spirito alla bestialità umana.

Finito il *rito della crudeltà* tutti spariscono, e solo le registrazioni delle telecamere consentono di individuare qualcuno di quei pavidi che si nascondono nella massa. Si sentono innocenti, semplicemente perché non sono in grado di fornire uno straccio di giustificazione ai loro gesti. L'ignoranza e l'ottusità che li caratterizzano sono, ai loro occhi, un'attenuante. L'analfabetismo mentale, verbale ed emotivo con cui rispondono a chi li interroga sono per loro una giustificazione.

La loro violenza è *nichilista* perché è assurda, e assurda perché non è neppure *un mezzo per raggiungere uno scopo*. È puro scatenamento della forza che non si sa come impiegare e dove convogliare, e perciò si sfoga nell'anonimato di massa, senza considerazione e senza calcolo delle conseguenze. La mancanza di scopi rende la violenza infondata, e quindi assoluta. Ma proprio nel momento in cui la violenza è libera da qualsiasi considerazione e da qualsiasi scopo, e quindi da qualsiasi razionalità, diventa completamente se stessa e si trasforma in pura e sfrenata crudeltà nichilista.

Le pene miti finora inflitte ai violenti, come ad esempio l'interdizione a frequentare gli stadi o i patteggiamenti, abituano progressivamente a ripetere, con la cadenza del rito, ciò che all'inizio era solo un fatto isolato. È come aprire una chiusa. E siccome il primo gesto è rimasto senza particolari conseguenze, dopo che il divieto era stato violato, il percorso è libero. Tutto diventa possibile. Al primo atto ne segue un secondo, e poi un terzo, e infine ogni volta che c'è una partita di calcio. E così la violenza nichilista *si ritualizza*.

Si ritualizza secondo quel meccanismo che Freud ci ha spiegato là dove scrive che la violenza, latente nell'inconscio individuale di ciascuno di noi, diventa manifesta nell'inconscio collettivo di massa,[15] dove la responsabilità in-

---

[15] S. Freud, *Massenpsychologie und Ich-Analyse* (1921); tr. it. *Psicologia delle masse e analisi dell'Io*, in *Opere*, Boringhieri, Torino 1967-1993, vol. IX.

dividuale è difficile da identificare e l'impunità generale diventa un salvacondotto per gesti più esecrati e senza motivazione, perché la violenza nichilista è autosufficiente.

E allora l'orgia della crudeltà si ripete con la monotona *regolarità* con cui si succedono i sabati e le domeniche di campionato. Nel rito i tifosi più scalmanati agiscono secondo routine. E siccome la routine annoia, come i drogati, anche i criminali da stadio hanno bisogno di dosi sempre più forti, per allontanare la noia sempre incombente.

La violenza da stadio, infatti, non ha creatività e lascia poco spazio alla fantasia. E dal momento che è ripetitiva e qualitativamente identica, l'unica variazione può essere solo *quantitativa*, e perciò ogni volta si aumenta la dose e, con la dose, l'euforia di un incontrollato sconfinamento di sé, di una sovranità illimitata e di un'assoluta libertà dal peso della morale e del vincolo sociale.

La caratteristica *rituale* della violenza nichilista dei ragazzi dello stadio rende questa violenza diversa dall'insurrezione o dal tumulto che, avendo di mira uno scopo, si placa quando lo scopo è raggiunto. Proprio perché è senza scopo, la violenza nichilista si compie con annoiata indifferenza, prorompe senza motivo e interesse e, per effetto della *ritualità* del suo compiersi, non necessita di alcuna decisione. Vivendo esclusivamente per la prosecuzione di se stessa, la violenza nichilista traduce la barbarie in normalità.

10.
Oltre il nichilismo

> Pensare significa oltrepassare. Certo, finora l'oltrepassare non è stato troppo acuto nel cercarsi il proprio pensiero. O, se questo è stato trovato, c'erano occhi troppo malmessi. [...] Infatti l'immenso giacimento utopico del mondo è esplicitamente quasi privo di rischiaramento. [...] E allora la filosofia avrà coscienza del domani e prenderà partito per il futuro solo se saprà della speranza, in caso diverso non saprà più nulla.
>
> E. BLOCH, *Il principio speranza* (1954-1959), pp. 8-10.

1. La vita come sperimentazione

È possibile oltrepassare il nichilismo e soprattutto la ricaduta sui giovani della sua atmosfera che fa ripiegare ogni senso su se stesso, che spegne ogni iniziativa, che cancella ogni prospettiva, che inoltra in quella notte buia e così poco rassicurante dove il futuro si fa incerto e ogni slancio vitale implode? O dobbiamo dire quello che Nietzsche diceva di sé, quando si definiva:

> Il primo perfetto nichilista d'Europa, che però ha già vissuto in sé fino in fondo il nichilismo stesso – che lo ha dentro di sé, sotto di sé, fuori di sé.[1]

Eppure, anche se non più protetto dalla verità, dalla fede, dall'ideologia, perché queste figure sono state investite da quello che Nietzsche chiama "il vento del disgelo",[2] forse è possibile un oltrepassamento del nichilismo, se è vero, come scrive Franco Volpi, che:

---

[1] F. NIETZSCHE, *Nachgelassene Fragmente 1887-1888*; tr. it. *Frammenti postumi 1887-1888*, in *Opere*, Adelphi, Milano 1971, fr. 11 (411), § 3, p. 393.

[2] F. NIETZSCHE, *Also sprach Zarathustra. Ein Buch für Alle und Keinen* (1883-1885); tr. it. *Così parlò Zarathustra. Un libro per tutti e per nessuno*, in *Opere*, cit., 1968, Parte III: "Di antiche tavole e nuove", § 8, p. 246.

Il nichilismo ha corroso le verità e indebolito le religioni, ha anche dissolto i dogmatismi e fatto cadere le ideologie, insegnandoci così a mantenere quella *ragionevole prudenza del pensiero*, quel paradigma di pensiero obliquo e prudente, che ci rende capaci di navigare a vista tra gli scogli del mare della precarietà, nella traversata del divenire, nella transizione da una cultura all'altra, nella negoziazione tra un gruppo di interessi e un altro.

Dopo la caduta della trascendenza e l'entrata nel mondo moderno della tecnica e delle masse, dopo la corruzione del regno della legittimità e il passaggio a quello della convenzione, la sola condotta raccomandabile è operare con le convenzioni senza credervi troppo, il solo atteggiamento non ingenuo è la rinuncia a una sovradeterminazione ideologica e morale dei nostri comportamenti. La nostra è una filosofia di Penelope che disfa (*analyei*) incessantemente la sua tela perché non sa se Ulisse ritornerà.[3]

Questa "filosofia di Penelope", come la definisce Volpi, assomiglia a quella che da tempo vado chiamando "etica del viandante",[4] che i giovani, affrancati dall'illusione di una meta da raggiungere, già hanno fatto propria quando si abbandonano alla corrente della vita, non più da spettatori, ma da naviganti e, in qualche caso, come l'Ulisse dantesco, da naufraghi. Nietzsche, che del nomadismo è forse il miglior interprete, scrive:

> Se in me è quella voglia di cercare che spinge le vele verso terre non ancora scoperte, se nel mio piacere è un piacere di navigante: se mai gridai giubilante: "la costa scomparve – ecco anche la mia ultima catena è caduta – il senza-fine mugghia intorno a me, laggiù lontano splende per me lo spazio e il tempo, orsù! coraggio! vecchio cuore!".[5]

L'appello al cuore dice che i giovani sono già oltre i territori giurisdizionali in cui finora abbiamo fissato le nostre dimore, ma questa ulteriorità dice cose più profonde di

---

[3] F. Volpi, *Il nichilismo*, Laterza, Bari 2004, p. 178.
[4] Si veda a questo proposito U. Galimberti, *La casa di psiche. Dalla psicoanalisi alla pratica filosofica*, Feltrinelli, Milano 2005, capitolo 26: "L'etica del viandante".
[5] F. Nietzsche, *Così parlò Zarathustra*, cit., Parte III: "I sette sigilli (ovvero: il canto 'sì e amen')", p. 281.

quanto non lasci pensare. Cancellata ogni meta e quindi ogni visualizzazione del mondo a partire da un senso ultimo, i giovani non stanno al gioco delle stabilità o delle definitività, e perciò liberano il mondo come assoluta e continua novità, perché non c'è evento già inscritto in una trama di sensatezza che ne pregiudichi l'immotivato accadere.

L'andare che salva se stesso, cancellando la meta, inaugura infatti una visione del mondo radicalmente diversa da quella dischiusa dalla prospettiva della meta che cancella l'andare. Nel primo caso si aderisce al mondo come a un'offerta di accadimenti, dove si può prendere provvisoria dimora finché l'accadimento lo concede; nel secondo caso si aderisce al senso anticipato che cancella tutti gli accadimenti i quali, non percepiti, passano accanto agli uomini senza lasciar traccia, puro spreco della ricchezza del mondo.

Non attraversate dall'evento nel suo accadere immotivato, le generazioni che hanno preceduto la gioventù di oggi hanno riprodotto il modello dell'uomo della stabilità, difeso e chiuso nelle spesse mura della *Società della torre* di cui parla Goethe,[6] mentre i giovani d'oggi, al pari del viandante che accade insieme all'evento, recalcitrano a ogni schema di progressione e significazione, per dire sì al mondo, e non a una rappresentazione tranquillizzante del mondo. Impossibilitati a dominare il tempo inscrivendolo in una rappresentazione di senso, i giovani d'oggi, dopo aver rinunciato alla meta, sanno guardare in faccia l'indecifrabilità del destino, rifiutando quei cascami irradiati da un destino risolto in benevola provvidenza.

Non si legga quindi l'etica del viandante come anarchica erranza. Il nomadismo è la delusione dei forti che rifiuta il gioco fittizio delle illusioni evocate come sfondo protettivo. È la capacità di disertare le prospettive escatologiche per abitare il mondo nella casualità della sua innocenza, non pregiudicata da alcuna anticipazione di

---

[6] J.W. GOETHE, *Wilhelm Meister Lehrjahre* (1807-1829); tr. it. *Il noviziato di Guglielmo Meister*, in *Opere*, Sansoni, Firenze 1970, vol. III.

senso, dove è l'accadimento stesso, l'accadimento non inscritto nelle prospettive del senso finale, della meta o del progetto, a porgere il suo senso provvisorio e perituro.

Se noi adulti siamo disposti a rinunciare alle nostre radicate convinzioni, quando il radicamento non ha altra profondità che non sia quella della vecchia abitudine, allora l'etica del viandante può offrire ai giovani un modello di cultura che educa perché non immobilizza, perché desitua, perché non offre mai un terreno stabile e sicuro su cui edificare le loro costruzioni, perché l'apertura che chiede sfiora l'abisso, dove non c'è nulla di rassicurante, ma dove è anche scongiurata la monotonia della ripetizione che i giovani aborrono, che è poi quell'andare e riandare sulla stessa strada, senza che una meta si profili davvero all'orizzonte.

Gli anni che stiamo vivendo hanno visto lo sfaldarsi di un dominio, e insieme hanno accennato a quel processo migratorio che confonderà i confini dei territori su cui si orientava la nostra geografia. Usi e costumi si contaminano e, se "etica" vuol dire "costume", è possibile ipotizzare la fine delle nostre etiche fondate sulle nozioni di proprietà, territorio e confine per lasciar spazio a un'etica che, dissolvendo recinti e certezze, va configurandosi come etica del viandante che non si appella al diritto ma all'esperienza e all'ideazione.

A differenza dell'uomo del territorio che ha la sua certezza nella proprietà, nel confine e nella legge, il viandante, infatti, non può vivere senza elaborare la diversità dell'esperienza, cercando il centro non nel reticolato dei confini, ma in quei due poli che Kant indicava nel "cielo stellato" e nella "legge morale",[7] che per ogni viandante hanno sem-

---

[7] I. KANT, *Kritik der praktischen Vernunft* (1788); tr. it. *Critica della ragion pratica*, Laterza, Bari 1955, p. 199: "Due cose riempiono l'anima di ammirazione e venerazione sempre nuova e crescente, quanto più spesso e più a lungo la riflessione si occupa di esse: il *cielo stellato sopra di me* e la *legge morale in me*. Queste due cose io non ho bisogno di cercarle e semplicemente supporle come se fossero avvolte nell'oscurità, o fossero nel trascendente, fuori dal mio orizzonte. Io le vedo *davanti* a me e le connetto immediatamente con la coscienza della mia esistenza".

pre costituito gli estremi dell'arco in cui si esprime la sua vita in tensione. Senza meta e senza punti di partenza e di arrivo, che non siano punti occasionali, il viandante con la sua etica può essere il punto di riferimento dei giovani d'oggi, se appena la storia accelera i processi di recente avviati, che sono nel segno della *de-territorializzazione*.

Fine dell'uomo come l'abbiamo conosciuto sotto la tutela della fede, o della verità, o della certezza scientifica, che finora hanno fatto da argine alla sua intrinseca debolezza, e nascita di un uomo sempre meno garantito e perciò costretto a cercare valori che trascendono quelle che per noi erano salde garanzie. Il prossimo, sempre meno specchio di me e sempre più "altro", obbligherà tutti a fare i conti con la *differenza*, come un giorno, ormai lontano nel tempo, siamo stati costretti a farli con il territorio e la proprietà.

La *diversità* sarà il terreno su cui i giovani dovranno maturare le loro decisioni etiche, mentre le leggi del territorio si attorciglieranno come i rami secchi di un albero inaridito. Fine del legalismo e quindi dell'uomo come l'abbiamo conosciuto sotto il rivestimento della proprietà, del confine e della legge, e nascita di un uomo più difficile da collocare, perché viandante infaticabile in uno spazio che non è garantito neppure dall'aristotelico "cielo delle stelle fisse", perché anche questo cielo è tramontato per noi.

E con il cielo la terra, perché è stata scoperta come terra di protezione e luogo di riparo. Tagliati gli ormeggi, l'orizzonte si dilata, il suo dilatarsi lo abolisce come orizzonte, come punto di riferimento, come incontro della terra con il suo cielo. E questo perché, scrive Nietzsche:

> Abbiamo lasciato la terra e ci siamo imbarcati sulla nave! Abbiamo tagliato i ponti alle nostre spalle – e non è tutto: abbiamo tagliato la terra dietro di noi. Ebbene, navicella! Guardati innanzi! Ai tuoi fianchi c'è l'oceano: è vero, non sempre muggisce, talvolta la sua distesa è come seta e oro e trasognamento della bontà. Ma verranno momenti in cui saprai che è infinito e che non c'è niente di più spaventevole dell'infinito. Oh quel misero uccello che si è sentito libe-

ro e urta ora nelle pareti di questa gabbia! Guai se ti coglie la nostalgia della terra, come se là ci fosse stata più *libertà* – e non esiste più "terra" alcuna![8]

2. L'attesa e la speranza

Il nichilismo e l'ipotesi del suo oltrepassamento avviano a questi pensieri sostenuti dall'attesa e dalla speranza, che sono figure che hanno a che fare con il futuro, quindi con la vita che ha da venire. L'*attesa* con l'avvenire immediato solitamente legato a un evento, la *speranza* con un futuro lontano pieno di promesse, senza le tracce dell'ansia, dell'inquietudine, della perplessità, dell'insicurezza che caratterizzano l'attesa.

Come infatti ci ricorda Eugenio Borgna, nell'attesa c'è "una vertiginosa accelerazione e un'enigmatica anticipazione del futuro"[9] che bruciano il presente e rendono insignificanti i suoi momenti, perché tutta l'attenzione e la tensione sono spostate in avanti, spasmodicamente concentrate sull'evento che si attende come evento di felicità che può andare deluso o come evento infausto che non si sa come evitare.

Nell'*attesa* non c'è durata, non c'è organizzazione del tempo, perché il tempo è divorato dal futuro che risucchia il presente a cui toglie ogni significato, perché tutto ciò che succede è attraversato dal timore e dall'angoscia di mancare l'evento. La speranza, invece, guardando più lontano e ampliando lo spazio del futuro, distoglie l'attesa dalla concentrazione sull'immediato e dilata l'orizzonte.

La *speranza*, infatti, è l'apertura del possibile. Essa fa riferimento a quei "nuovi cieli" e a quelle "nuove terre" che sono promessi dalla religione, dall'utopia, dalla rivoluzione, dalla trasformazione personale che siamo soliti temere, perché arroccati alla nostra identità assunta come un *fatto* e non come un'interminabile e mai conclusa *costruzione*.

---

[8] F. NIETZSCHE, *Die fröhliche Wissenschaft* (1882); tr. it. *La gaia scienza*, in *Opere*, cit., 1965, vol. V, 2, Libro III, § 124, p. 129.

[9] E. BORGNA, *L'attesa e la speranza*, Feltrinelli, Milano 2005.

I giovani sono una costruzione. E se l'attesa è l'ansia che quella costruzione che essi sono abbia buon fine, la speranza attiva il loro comportamento affinché sia nelle loro mani l'accadere del buon fine. In questo senso diciamo che l'attesa è *passiva*, perché vive il tempo come qualcosa che viene verso di noi, la speranza invece è *attiva* perché ci spinge verso il tempo, come verso quella dimensione che ci è assegnata per la nostra realizzazione. I giovani sono *attivi* quando con la speranza vanno verso il tempo e non quando con l'attesa aspettano che il tempo venga verso di loro.

Quando l'attesa è disabitata dalla speranza nei giovani subentra la *noia*, dove il futuro perde slancio e il presente si dilata in uno spessore opaco dove il tempo oggettivo, quello dell'orologio, cadenza il suo ritmo sul tempo vissuto che si è arenato, infossato, arrestato. Nella noia, infatti, ogni attesa è risucchiata, ogni speranza è estinta, non ci sono più né progetti né storia, ma tutto affoga nel gorgo di un presente in cui ogni orizzonte di senso si inaridisce e si spegne.

Se un giorno è come tutti, tutti i giorni sono come uno solo, nell'uniformità perfetta di una vita che assapora quel vuoto d'esperienza che accade quando si sono vanificate tutte le attese, tutte le speranze, tutte le illusioni. È allora che l'impossibile, come un muro, sbarra tutte le vie del possibile che alimentano il futuro. E lo spazio lasciato vuoto dal futuro, disertato sia dall'attesa sia dalla speranza, viene occupato dal dilagare del passato che divora tutte le attese e tutte le speranze sottraendo al tempo la sua dimensione a venire.

È a questo punto che dalla noia si passa alla *depressione*, sempre più diffusa tra i giovani. Senza attesa e senza speranza il tempo si fa deserto e, in assenza di futuro, rifà la sua comparsa quell'ospite inquietante che abbiamo chiamato *nichilismo*. È a questo punto che la tentazione della morte, con il suo assoluto silenzio, inizia a parlare con il tono tranquillo di chi sa quanto, in certe circostanze, sia seducente il suo invito. Fine del baccano indiavolato con cui quotidianamente i giovani tentano di distrarre la loro anima. Un baccano che è la parodia del grido che affonda in un tempo senza attesa.

Eppure, scrive Borgna,[10] anche nel suicida la speranza non è del tutto estinta, perché non si potrebbe compiere quel gesto se la morte non fosse vista come la sola ragione di vita, dopo che le speranze sono state negate, le illusioni falciate e le attese sono apparse senza fine. In questa condizione, così frequente nell'adolescenza resa fragile dagli eventi e dalle situazioni tragiche che spesso sconfiggono un'esistenza, la speranza porta alla morte come "ultima speranza" quando questa più non riesce a proiettarsi in un futuro, perché più non è capace di recuperare un passato.

Sia Giuda sia Pietro, infatti, hanno tradito Gesù, ma mentre Giuda suicidandosi ha assegnato al passato il compito di esprimere tutto il senso della sua vita, Pietro ha conosciuto la fatica di ri-assumere il proprio passato togliendogli l'onore di dire l'ultima parola sul senso della sua vita. Questo è lo spazio dove si gioca la speranza o il gesto suicida.

Sperare, infatti, non significa solo guardare avanti con ottimismo, ma soprattutto guardare indietro per vedere come è possibile configurare quel passato che ci abita per giocarlo in vista di possibilità a venire. Suicidarsi invece è decidere che il nostro passato contiene il senso ultimo e definitivo della nostra vita, per cui non è più il caso di ri-assumerlo, ma solo di porvi semplicemente fine.

E così sia la speranza sia il suicidio giocano i loro dadi sul passato e sul senso che il passato viene assumendo per me. E siccome sono io a dar senso al passato, nella speranza c'è la libertà di conferire al passato la custodia di sensi ulteriori, mentre nel suicidio c'è l'illibertà di chi nel passato vede solo un senso inoltrepassabile e perciò definitivo.

Queste sono le riflessioni che nascono dall'aver ipotizzato un possibile oltrepassamento del nichilismo giovanile, dove ci si muove in quella notte enigmatica e buia che, senza la forza di attendere e soprattutto di sperare, non garantisce che l'indomani sia giorno e poi ancora giorno.

[10] Ivi, pp. 125-127.

11.
La musica giovanile e il ritmo del cuore

> Non è il tempo che fonda il ritmo.
> È il ritmo che fonda il tempo.
>
> C. SINI, *L'incanto del ritmo* (1993), p. 54.

1. La musica giovanile e l'urto dell'inquietante

Con insolita radicalità oggi i giovani hanno spezzato il modo in cui finora in Occidente è stata considerata la musica a partire da Platone, che la instaurò come arte edificante che doveva svolgere la funzione morale di accompagnare l'uomo su quel retto sentiero che portava al Bene, in cui si esprimevano la *verità* e il *dovere*.

Per questo, a sentir Platone, bisognava salvare "solo la lira e la cetra, gli strumenti di Apollo utili alla città", e bandire "trigoni e pettidi, nonché gli *auloí*, gli strumenti di Marsia e dei portatori di tirso, seguaci di Dioniso", perché Dioniso, come già aveva mostrato Euripide nelle *Baccanti*, distrugge la città. Si tratta infatti, scrive Platone, "di strumenti dal potere scabroso, capaci di sedurre, incantare, affascinare, inebriare, penetrare negli animi e impossessarsene".[1] Di qui la necessità di purificare la musica di questo suo potere, e contenerla nella pura armonia della lira e della cetra che sanno riprodurre l'armonia cosmica, modello dell'armonia della città.

Questa intenzione metafisico-edificante, che fa preferire a Platone la musica *uni-lineare*, e bandire "gli strumenti *a più* corde capaci di *molteplici* armonie", influirà sulle

---

[1] PLATONE, *Repubblica*, Libro III, 399 a-e.

sorti della musica in Occidente, che resterà inquadrata nel registro etico-metafisico come mezzo formativo della spiritualità, come allegoria della realtà metafisica che rinvia alla verità dell'essere, al di là dell'apparenza delle cose.

Oggi i giovani, con le loro pratiche musicali, hanno capovolto questo modo di pensare la musica, che da Platone a Schopenhauer, passando per Plotino, Agostino, Leibniz, Hegel, non fa che ribadire l'architrave portante dell'intera cultura occidentale, e hanno coniugato la musica non con la verità dell'essere, con il "Sole platonico", con lo Spirito hegeliano "onnipresente e integro nel profondo delle cose", ma con l'*Ineffabile*, come è ineffabile, scrive Jankélévitch, "il volto di Jahvè che è indescrivibile, perché chi lo vede muore".[2]

La musica giovanile, lungi dall'essere un discorso lineare e costruttivo come Platone voleva che fosse, lungi dall'essere lo specchio dell'essere, si muove tra essere e non essere, sempre sul ciglio di un abisso, metafora della vita che, per i giovani, è ben lungi dall'essere fondata, perché nel fondo è senza ragione e senza perché, quindi evento gratuito, *grazia*.

Ma proprio perché è evento gratuito, senza ragione e senza perché, la musica esprime anche quella minaccia veramente tragica per cui ogni suono, ogni parola, ogni voce può venire veramente estinta. Qui la musica giovanile, se da un lato si sottrae alla pretesa platonica che la prevede come ausiliaria a quella visione centrata sull'Uno indefettibile e splendente tanto cara ai moralisti edificanti da Platone a Tolstoj, dall'altro si offre all'*urto della contraddizione* che la vita, la realtà, l'essere sempre portano con sé, e che la musica canta.

Questo inquieto contrasto, questa minaccia erano già stati illustrati dalla tragedia greca che, con la musica dionisiaca, aveva arrestato i suoni e le voci *al di qua* della salvezza, registrando quell'eterno transitare della vita nella morte, del suono nel silenzio. Variazioni su questo tema

---

[2] V. Jankélévitch, *Philosophie première*, Puf, Paris 1954, p. 133.

sono state rappresentate da Ulisse che per non lasciarsi sedurre dal canto delle sirene s'era fatto legare a un palo dopo aver turato le orecchie ai suoi uomini, mentre Orfeo aveva vinto il canto delle sirene con una musica più bella, per cui le sirene, private del loro potere, si gettarono in mare e diventarono scogli.

Questo confronto è di Ernst Bloch,[3] il filosofo dell'utopia che evidenzia la natura intrinsecamente *utopica* della musica, capace di risvegliare nei giovani la loro dimensione più profonda, quella che non si identifica in una vuota astrazione, né tantomeno in un principio d'ordine come il "Bene" di Platone e lo "Spirito" di Hegel, ma coincide piuttosto con quello che in loro c'è di più irriducibile, in un certo senso con lo scarto che c'è tra loro e ciò che sanno di loro, quindi con l'*utopia di se stessi*. La musica, dunque, non come la nave di Ulisse che conduce a casa, ma come la barca di Orfeo che li porta agli Inferi, nello strato più profondo e interiore di loro stessi, in cui è custodito il loro futuro realizzabile, anche se lontano.

Questa *lontananza*, che nessun progetto raggiunge perché è puro suono del sentimento, viene avvistata dalla musica giovanile che, a differenza della musica classica, immette nel tempo *puro* che disintegra il tempo *reale*, perché la musica giovanile, in qualche modo, è un *gesto dell'empietà* che redime dal tempo ordinato della successione dei giorni.

Ma per effetto dell'urto della contraddizione, oltre alla lontananza la musica giovanile concede la *prossimità* alla profondità dell'intimo, quindi a ciò che di *irriducibile* c'è in ciascuno di noi. Sotto questo profilo è qualcosa di benevolo, qualcosa di prossimo, più dell'amore che, come amore per l'altro, allontana da sé.

Nella musica giovanile agisce infatti una *reminiscenza* che porta a casa più intimamente di quanto non possa fare un processo di interiorizzazione, e al tempo stesso *dis-loca*,

---

[3] E. BLOCH, *Das Prinzip Hoffnung* (1954-1959); tr. it. *Il principio speranza*, Garzanti, Milano 1994, capitolo 51: "Oltrepassamento e intensissimo mondo umano nella musica".

non nel senso che porta i giovani da un luogo all'altro, ma nel senso che li conduce dall'*intimità del soggettivo* all'*assoluto*, qui inteso come ciò che è sciolto da ogni legame (*solutus ab*), perché alla musica nulla di ciò che è mondo e attualità del mondo può corrispondere.

2. La cadenza del ritmo

Capiamo allora cos'è tutto quel bisogno di musica di cui i giovani sembrano assetati. Cos'è quell'ossessione settimanale che li ammassa nelle discoteche. E poi le folle dei concerti, le solitudini con i walkman sparati nelle orecchie. Cos'è quel bisogno di suoni, i più primitivi, i più ritmici, i più cadenzati.

Non diciamo *bisogno d'aggregazione*, perché, oltre una certa misura, la folla non concede più comunicazione. Non diciamo *crollo delle ideologie* per cui, in assenza di idee, è la musica a richiamare le masse. Non diciamo *droga*: droga leggera che si aggiunge a quella pesante. Non diciamo neppure *sesso*, perché le dimensioni orgiastiche hanno a che fare più con la castità che con la fusione dei corpi.

Tutte queste cose sono in parte vere, ma non arrivano a quella radice a cui, senza saperlo, i giovani tendono nel tentativo disperato di rifondare un tempo che non sia solo "progetto" e "sguardo al futuro", in cui è completamente e asfitticamente racchiusa la nostra cultura, ma quel *tempo originario* che ha nel corpo il suo semplice ritmo, di cui la musica, e in particolare la musica rock, è la più gelosa custode.

Parlo di quel ritmo che, come scrive lucidamente Carlo Sini, è "battere e levare, battere e levare, uno/due, uno/due".[4] È il ritmo del nostro respiro, il ritmo del battito del nostro cuore, il ritmo sonno e veglia, il ritmo sazietà e fame, il ritmo del coito, il ritmo che nella vita intrauterina scandisce la prima figura del tempo.

---

[4] C. Sini, *L'incanto del ritmo*, Tranchida, Milano 1993, p. 54.

L'incanto del ritmo nella sua eterna ripetizione non è un modello teorico, ma piuttosto una sfida a vivere fuori dal disegno tracciato dall'idea di progresso all'infinito, da cui i giovani spesso si sentono esclusi per le difficoltà a prendervi parte. E quando lo sguardo rivolto al *futuro* si riduce, forte nasce da un lato l'insistenza sul *presente*, ben rappresentato dal battito ritmato dei piedi su questa terribile terra, quando un'altra non è promessa, dall'altro lato il bisogno di tornare indietro, al *passato*, anzi a quel primitivo ritmo del corpo che, custodendo la prima origine del tempo, apre la speranza di un *altro* futuro.

In questa operazione regressiva, dove nella regressione c'è anche il valore positivo della possibilità di una rifondazione del mondo, prepotenti si fanno avanti quelle domande che non chiedono la soluzione dei problemi, perché la sfiducia, neppure avvertita come tale, ha già bruciato tutto lo spazio dell'attesa di una possibile risposta. E perciò nella cadenza del ritmo più primitivo, quella del battere e levare, quella dell'uno/due, si rivive, nel ventre della folla, quella prima esperienza nel ventre della madre, dove il battito del proprio cuore non si distingueva dal battito del cuore materno.

Si raggiunge così quella condizione dove le domande si pongono non in modo *teorico*, ma *corporeo*, e con il corpo si chiede qual è l'origine per sapere chi siamo noi, che cos'è il mondo per sapere che cosa ci facciamo, chi è Dio per sapere quale altro Dio si nasconde dietro il racconto che ci hanno fatto, constatando con Nietzsche che: "Quasi due millenni, e non un solo nuovo dio!".[5]

Sono queste delle domande che non si sciolgono in una risposta teorica, ma si vivono solo come domande, con tutta la tensione che la domanda conosce quando la risposta non è all'orizzonte, una tensione che il corpo scarica nel ritmo incessante, ripetuto fino allo sfinimento, perché tutte le domande senza risposta sfiniscono.

---

[5] F. NIETZSCHE, *Der Antichrist. Fluch auf das Christentum* (1889); tr. it. *L'anticristo. Maledizione del cristianesimo*, in *Opere*, Adelphi, Milano 1970, vol. VI, 3, p. 186.

Eppure in quest'esperienza del *nulla*, che solo il rumore fragoroso della musica e degli effetti speciali riesce momentaneamente a non far percepire, in questa assenza del proprio nome perso nella folla che, nel suo anonimato, ha inghiottito tutti i nomi, c'è nell'urlo primordiale collettivo una ripresa dell'*atto fondativo* delle prime comunità che non si sono raccolte, come vogliono le ipotesi psicoanalitiche, intorno al focolare, ma, come ci ricorda Emanuele Severino, intorno al grido:

> Il grido. Sta all'inizio della vita dell'uomo sulla terra. Il grido di caccia, di guerra, d'amore, di terrore, di gioia, di dolore, di morte. Ma anche gli animali gridano, e per l'uomo primitivo grida anche il vento e la terra, la nube e il mare, l'albero, la pietra, il fiume. Ma solo l'uomo *si raccoglie* attorno al proprio grido, in assenza degli eventi che l'hanno provocato. Al grido sono legati gli aspetti decisivi dell'esistenza e nella rievocazione del grido le più antiche comunità umane non solo scorgono le trame che le formano, ma annodano stabilmente i fili della trama, cioè si stabiliscono e confermano nel loro essere *comunità umane*. L'intera vita dei popoli più antichi si raccoglie attorno alla rievocazione del grido, cioè attorno al canto. E il canto avvolge i viventi ben più strettamente del calore dei fuochi attorno a cui essi stanno.[6]

Interprete di questa trama profonda è la musica che, nel suo ritmo originario, precede la parola che si scambia a comunità già costituita. Se i nostri giovani per esistere devono ricorrere alla *musica-grido*, questo dovrebbe farci riflettere su quanto la nostra comunità non sia più accogliente, quanto asfittiche e mascherate siano le parole bene educate che si scambiano, quanta solitudine di massa si aggiri nella nostra città dove ciascuno è dedito ai soli suoi traffici e dove i mezzi di comunicazione servono solo a renderli più spediti, in quella "menzogna della civiltà",[7] come scrive Nietzsche, nella quale il giovane stenta sem-

---

[6] E. Severino, *Il parricidio mancato*, Adelphi, Milano 1985, parte II: "Il grido", p. 41.

[7] F. Nietzsche, *Götzendämmerung, oder Wie man mit Hammer philosophiert* (1889); tr. it. *Crepuscolo degli idoli, ovvero: come si filosofa col martello*, in *Opere*, cit., 1970, vol. VI, 3, p. 75.

pre più a trovare la sua abituale dimora. E perciò lo dice con quel linguaggio originario che è la musica, nel suo tratto più primitivo, quello ritmato, quello del corpo, quello del battito del cuore.

Fra tutte le arti, infatti, la musica è l'unica che non *si vede*, come invece la pittura o la scultura, che non perviene a un *senso finale* al di là delle parole in cui si articola, come invece accade nel linguaggio. La musica *si sente*, come si sentono i gesti d'amore che si incidono nella carne che sfiorano e penetrano. Per questo l'*erotico* è l'oggetto naturale del musicale, e non si dà musica se non come cadenza erotica, come sua incisione. Comprendiamo allora perché Kierkegaard può dire che:

> In questo regno non abita il linguaggio, né la ponderatezza del pensiero, né il travagliato acquisire della riflessione, ivi risuona soltanto la voce elementare della passione, il gioco dei desideri, il chiasso selvaggio dell'ebbrezza, ivi si gode soltanto in eterno tumulto.[8]

Ne scaturisce un'eternità che si nutre di tempo, una spiritualità che si incarna, una sensualità che lascia alle spalle come bassa pianura tutto ciò che viene indicato come vetta dello spirito. Il punto di fusione è l'immediatezza, per cui, come l'erotismo, anche la musica vive l'istante, la successione degli istanti che sorgono l'uno nell'estinzione dell'altro.

Questi istanti non si danno tutti dispiegati, come dispiegati in successione si danno i passaggi con cui un ragionamento si offre al pensiero e alla riflessione, ma uno vive la morte dell'altro, come i gesti erotici che si susseguono cancellandosi, perdendo convulsamente la loro successione e affidando la loro memoria ai sensi, perché questa è l'autentica condizione dell'uomo, a cui non è dato l'eterno se non per rapidi e fugaci assaggi, e non elevandosi, ma incarnandosi.

Più si fa abisso, più si fa universo. Ma nell'abisso non

---

[8] S. Kierkegaard, *Joannes Climacus* (1841), in *Papirer*, a cura di N. Thulstrup, København 1968-1970, vol. IV, B 1-17, p. 142.

si può stare, così come non si può stare nell'universo troppo vasto e privo di riferimenti. Brevi istanti sono concessi all'uomo per accogliere l'eterno. Musica e sensualità sono i veicoli e i mediatori, ma per questo occorre essere all'altezza della sensualità, e saper avvertire nella musica lo spessore della carne toccata e fuggita.

Qui a reggere il tutto è la forza dell'inconsistenza in cui risuonano sia la rapidità di una nota sia la leggera pressione di una carezza. Quanto basta perché la nostra esistenza possa galleggiare tra l'angoscia, l'entusiasmo e la disperazione, in cui è gettata la sorte di ogni uomo provvisto di una sensibilità appena decente.

3. La danza e la liberazione del corpo

"Tra santi e prostitute, tra Dio e mondo, la danza!"[9] Così parla Nietzsche, dopo aver scosso tutte le figure di stabilità che Platone aveva ordinato in quell'al di là del cielo nominato "iperuranio". Ma proprio puntando verso il cielo il suo *Cannocchiale aristotelico*, Emanuele Tesauro nel 1663 scopre che all'origine del mondo c'è "quell'arte nobilissima che è la danza di cui si dice ella esser nata da principio col mondo istesso".[10]

In verità, prima che il divino fosse irrigidito nel concetto di Dio e il sacro separato dal profano, anche Platone conveniva che "furono proprio quegli dèi, che ci sono stati offerti come compagni di danza, a farci dono del ritmo e dell'armonia come espressioni del piacere".[11] Qui l'antica cultura greca consuona con quella biblica dove il salmista

---

[9] F. Nietzsche, *Al maestrale. Canzone a ballo*, in *Die fröhliche Wissenschaft* (1882); tr. it. *La gaia scienza*, in *Opere*, cit., 1965, vol. V, 2 p. 322.
[10] E. Tesauro, *Il cannocchiale aristotelico, o sia, l'idea dell'arguta e ingeniosa elocutione, che serve a tutta l'Arte oratoria, lapidaria, et simbolica* (1663), ed. in Venezia 1678, p. 72.
[11] Platone, *Leggi*, Libro II, 654 a.

loda il Signore "con timpani e danze",[12] e dove Davide "danzava con tutte le sue forze davanti al Signore".[13]

Fu il cristianesimo a separare il sacro dalla danza e a irrigidire il corpo in uno spazio controllato e chiuso. Così Giovanni Crisostomo scrive che "Ubi saltatio, ibi diabolus",[14] mentre Ambrogio indica nella "saltationem" la via più prossima all'impudicizia.[15] Se poi la danza dovesse essere il modo di celebrare la festa, allora Agostino non ha dubbi: anche nei giorni festivi "melius est arare quam saltare".[16]

A mano a mano che il sacro cessa di essere il luogo d'incontro di puro e impuro, per diventare luogo di mortificazione e ascesi, a mano a mano che la parola, la scrittura, la mente diventano i veicoli del sacro, il corpo e i suoi gesti che la danza anima passano dal regno di Dioniso a quello del Diavolo, dalle Baccanti alle Streghe del sabba.

Con il Rinascimento e la nascita della scienza moderna il corpo viene riscattato dall'inferno in cui era stato relegato dalla religione dell'anima, e disposto sulla tavola anatomica come corpo disciplinato dalla descrizione del sapere medico.[17] Alle categorie religiose bene/male, anima/corpo, sacro/profano subentrano quelle mediche di salute/malattia che consentono di recuperare la danza come "benefico movimento", purché eviti gli eccessi e accada secondo disciplina. Atrofizzata nella ritualità delle buone maniere, la danza riappare come gesto acculturato. Ma è ormai la danza di un corpo *chiuso*, definito dai suoi confini con il mon-

---

[12] *Salmo* 150, 4.
[13] *Libro secondo di Samuele*, 6, 14.
[14] Giovanni Crisostomo, *De diabolo temptatore*, in J.-P. Migne, *Patrologia græca* (1857-1866), vol. LVIII, col. 491, in *Patrologiæ cursus completus*, Paris 1845-1866.
[15] Ambrogio di Treviri, *De virginitate*, in J.-P. Migne, *Patrologia latina* (1845-1855), vol. XVI, col. 229, in *Patrologiæ cursus completus*, cit.
[16] Agostino di Tagaste, *Enarrationes in psalmos*, 91, 2 (392), in *Corpus Christianorum Latinorum*, Turnhout 1954, vol. 39, p. 1280.
[17] Si veda in proposito M. Foucault, *Naissance de la clinique. Une archéologie du regard médical* (1963); tr. it. *Nascita della clinica. Il ruolo della medicina nella costituzione delle scienze umane*, Einaudi, Torino 1969, e in particolare il capitolo 8: "Aprite qualche cadavere".

do, non di un corpo *aperto*, grottesco, che entra ed è invaso dal mondo.

La riscoperta del corpo non comporta quindi alcuna apertura al mondo e perciò la danza codificata di corte può essere accolta anche in ambito religioso purché, nell'esprimersi, i corpi evitino i contatti, perché, come scrive Francesco di Sales:

> I corpi umani assomigliano a dei cristalli, che non possono essere trasportati insieme, perché toccandosi l'un con l'altro corrono il rischio di rompersi, e ai frutti che, sebbene intatti e ben preparati, si guastano, se si toccano gli uni con gli altri.[18]

I consigli di Francesco di Sales sembrano presi alla lettera dai giovani delle nostre discoteche avvolti in una danza solipsistica, dove anche quando si mimano gli atti del coito non si spezzano le pareti dell'incomunicabilità. L'eccesso d'energia sprigionata dai corpi, il tentativo di compensare con i gesti l'afasia del linguaggio, il ritmo meccanico che affoga l'espressività gestuale in una cadenza senza tempo, le luci stroboscopiche che, spezzando la continuità del movimento, ne inchiodano le forme, sono in realtà la parodia della danza, dove ciò che drammaticamente trapela è l'incapacità di riportare il corpo al centro della propria esperienza.

Infatti l'atmosfera apocalittica, orgiastica, ipertecnologica delle nostre discoteche in cui è ricoverata la danza, come la malattia all'ospedale e la morte al cimitero, dice di corpi che hanno rinunciato ai propri gesti, per regredire a quel movimento autonomo e per tutti identico che è il ritmo, qui inteso non come ritmo cardiaco, ritmo respiratorio, in cui sono rintracciabili le prime forme d'esistenza, quelle del ventre buio della madre, e quella del grido lacerante appena se ne esce, ma il ritmo della *ripetizione* che non sposta le gabbie del proprio corpo oltre quelle delle

---

[18] Francesco di Sales, *Introduction à la vie dévote* (1609); tr. it. *Introduzione alla vita devota*, Ed. Paoline, Milano 1986, p. 222.

convenzioni. E così si perde il segreto della danza che, come scrive Fabrizio Andreella, è poi quello di:

> Curare una società che tende a rimuovere ciò che vive come malattia. La malattia di un'emotività che non sarà mai sistematica, la malattia di un'umanità irriducibile alle regole comportamentali che si è data, la malattia di un corpo che sfugge alla dimensione carnale che gli è stata imposta, la malattia di un'anima che non sa resistere nella gabbia dell'intelletto, la malattia di una ragione che ciclicamente abdica al suo ruolo di dominatrice repressiva dell'esperienza.[19]

Sì, perché c'è un senso in cui è possibile dire che la ragione ha costruito se stessa come ragione disincarnata, con conseguente riduzione del corpo nei confini dell'opacità della carne. E siccome la danza rifiuta il dualismo conflittuale tra materiale e immateriale, siccome non vive il corpo come antagonista dell'anima, la danza, con la semplicità del suo gesto, dissolve il *tratto disgiuntivo* con cui la ragione procede, opponendo il vero al falso, il bene al male, il positivo al negativo, l'alto al basso, per richiamare quell'ordine *simbolico* (nell'accezione greca di *syn-bállein* che significa "mettere assieme") da cui proveniamo e che ancora ci abita come fondo abissale in cui la coscienza cerca di gettare la sua pallida luce.

Nella danza, infatti, il corpo incarna le produzioni del senso simbolico per confermarle nella ritmicità rituale o per dissolverle nella frenesia orgiastica. Ciò è possibile perché nella danza il corpo abbandona i gesti abituali che hanno nel mondo il loro campo d'applicazione, per prodursi in sequenze gestuali senza intenzionalità e senza destinazione che, nel loro ritmo e nel loro movimento, producono uno spazio e un tempo assolutamente nuovi, perché senza limiti e senza costrizioni.

Perdendo l'aderenza alle cose del mondo, nella danza ogni gesto diventa polisemico, ed è proprio in questa polisemia che il corpo può riciclare simboli, può confonderli o

---

[19] F. ANDREELLA, *Il corpo sospeso*, Il Cardo, Venezia 1994, p. 127.

addirittura abolirli. Liberandosi nella pura gestualità non intenzionata, il corpo del danzatore descrive un mondo che è al di là di tutti i codici e di tutte le relative iscrizioni, perché nella danza l'unico segno visibile è quello in cui il corpo inscrive se stesso tra la terra e il cielo.

In questo senso i giovani vedono nella danza un mezzo per sfuggire alla serietà dei codici che li minacciano. Infatti, scivolando l'uno sull'altro, nella danza i movimenti del corpo non si lasciano individuare, e quindi neppure analizzare, perché danzati. Per la rapidità dei movimenti, la danza cancella di colpo le figure appena costruite, continua creazione e distruzione del mondo, composizione dei massimamente distanti, e quindi abolizione dei significati costruiti in questa distanza. Parodia di ogni sistema, la danza dissolve tutti i sensi che vogliono proporsi come sensi definitivi. Leggerezza del corpo che ripristina la leggerezza dei simboli, la loro fluttuazione che gioca con la gravità dei codici e con il rigore delle loro iscrizioni.[20]

Se nel linguaggio sistematico dei codici il corpo si lascia esprimere dalla *razionalità*, nel linguaggio simbolico e nell'eccedenza semantica fluttuante che lo connota il corpo esprime la sua *e-motività*, ciò che lo muove. Non essendo sistematica, l'emotività non potrà mai costituirsi nel linguaggio. Debordando dai segni e slittando sui significati, l'emotività non ha altra possibilità di espressione se non nell'eccedenza semantica che scivola ai confini dei codici. Per questo le società più diventano razionali, più aboliscono il linguaggio simbolico, togliendo sempre più spazio alle manifestazioni emotive che hanno nel corpo la loro radice.

Eppure non è la razionalità, ma il fenomeno emotivo a far vivere i codici. Non basta infatti un sistema di segni perché vi sia senso. Il senso è sempre immesso da un referente emotivo, che può essere anche la paura per la decodificazione parziale o totale. Il linguaggio primitivo, che usa

---

[20] Si veda a questo proposito U. GALIMBERTI, *Il corpo* (1983), Feltrinelli, Milano 2002, Parte V: "Semiologia del corpo: l'ambivalenza".

metafore organiche per esprimere le emozioni, parla del cuore, dello stomaco, del fegato, dei reni e in generale degli organi corporei come della sede delle reazioni emotive, e poi trasferisce questi organi fuori di sé per nominare le cose del mondo, per cui la casa ha una "faccia", il vaso una "pancia", il villaggio una "fronte".

Con ciò il corpo e le sue parti non diventano il referente o il codice di tutti i codici, ma ciò che traduce un codice nell'altro, un sentimento in un organo, un organo in una cosa del mondo. La danza è il simbolo vivente di questa continua e ininterrotta traduzione, e a partire da qui possiamo cominciare a capire quel frammento gnostico che recita: "Chi non danza non sa cosa succede".[21]

---

[21] *Inno della perla*, tratto dagli *Atti di Tomaso*, in L. MORALDI, *Apocrifi del Nuovo Testamento*, Utet, Torino 1971, vol. II, p. 1311.

12.
Il segreto della giovinezza.
Per un risveglio della simbolica giovanile

> No. La vita non mi ha disilluso. Di anno in anno la trovo sempre più ricca, più desiderabile e più misteriosa – da quel giorno in cui venne a me il grande liberatore, quel pensiero che la vita potrebbe essere un esperimento di chi è vòlto alla conoscenza – e non un dovere, non una fatalità, non una fede. [...] *La vita come mezzo di conoscenza*. Con questo principio nel cuore si può non soltanto valorosamente, ma anche *gioiosamente vivere e gioiosamente ridere*.
>
> F. Nietzsche, *La gaia scienza* (1882), § 324.

Forse un modo per oltrepassare il nichilismo, almeno nelle sue catastrofiche ricadute giovanili, è quello di risvegliare e consentire ai giovani di dischiudere il loro segreto, spesso a loro stessi ignoto. È questa la proposta di Maurizio Mancuso,[1] la cui ricerca si scosta senza esitazioni da tutti gli studi che le scienze umane hanno dedicato al mondo giovanile, senza coglierne la simbolica che lo promuove, nonostante la letteratura, la filosofia, il cinema, la pubblicità non hanno mai smesso di segnalarla. Questa simbolica è custodita e secretata nel loro cuore, ora silenzioso ora tumultuoso, della cui forza, forse, abbiamo privato i nostri giovani, spuntando quelle che il *Salmo* 127 definisce "frecce": "Come frecce in mano a un eroe sono i figli della giovinezza".[2]

Per riscoprire questa simbolica occorre distanziarsi dallo *sguardo psicologico* che considera la giovinezza come un'età di mezzo in cui non si è più bambini e non si è ancora adulti, e perciò età faticosa, difficile, fonte di sofferenze e

---

[1] M.S. Mancuso, *Le frecce dell'eroe. Le figure mitiche della giovinezza da Dioniso alla pubblicità dei jeans*, Franco Angeli, Milano 2005.
[2] *Salmo* 127, 3.

di ansie, età di transito, età inadeguata. E anche dallo *sguardo sociologico* che punta gli occhi sulla devianza (i drogati, i violenti, gli sfaccendati), versione scientifica delle ansie genitoriali che si nutrono di timore per il futuro, senza neppure il sospetto che la devianza forse altro non è che la frustrazione della simbolica che anima la giovinezza.

È come se lo sguardo senile della cultura occidentale non avesse più occhi per la condizione giovanile che potrebbe portare un rinnovamento, e perciò la lascia ai margini del proprio incedere, parcheggiata in spazi vuoti e privi di prospettive, senza farsi sfiorare dal dubbio che forse il sintomo della fine di una civiltà non è da addebitare tanto all'inarrestabilità dei processi migratori o ai gesti disperati dei terroristi, quanto piuttosto al non aver dato senso e identità e quindi aver sprecato le proprie giovani generazioni, la massima forza biologica e ideativa di cui una società dispone.

Il segreto della giovinezza, forse più noto ai ricercatori di mercato che ai sociologi, agli psicologi, agli educatori e agli stessi genitori, deve essere riconosciuto e riconsegnato ai giovani, che lo vivono comunque, ma un po' alla cieca, perché è stata loro sottratta la mappa, che occorre rintracciare, ricomponendo i pezzi spesso incodificabili dei comportamenti giovanili.

Nel segreto della giovinezza, la prima figura che rintracciamo è l'*espansività*. Già gli antichi Greci avvertivano che la vita non è eterna, ma breve, e, proprio perché breve, va vissuta in tutta la sua espansività.[3] Espansività vuol dire *pienezza*, quella pienezza cantata da Africa Unite: "Ci sono notti che le labbra bruciano nel sale, quelle notti da farci l'amore fin quando fa male".[4]

Espansività vuol dire *potenza* che si esprime nello spirito animale del giovane che sfida romanticamente gli elementi, puro tuffo nella vita che osa la temerarietà. Espansività vuol dire *accelerazione della vita* che detesta la ripetizione e giun-

---

[3] Si veda in proposito U. Galimberti, *La casa di psiche. Dalla psicoanalisi alla pratica filosofica*, Feltrinelli, Milano 2005, capitolo 24: "La cura di sé".
[4] Africa Unite, *Notti*, in *Vibra*, 2000.

ge a stressare l'esperienza, fino al "dis-astro" che, come ci ricorda Steiner, "è una pioggia di stelle sull'umanità".[5]

E poi *coralità giovanile* ben espressa da quella canzone dei Beatles: "Io sono lui, come tu sei lui, come tu sei me e noi siamo tutti assieme".[6] Sensazione di appartenere a una comunità nascente, sentimento di nascere insieme al mondo, di essere tra giovani prima ancora che nel mondo. Stupore incantato del *riconoscimento*, da cui nasce la propria identità, non attraverso un processo di interiorizzazione, ma come dice il poeta spagnolo Aleixandre, "attraverso quel palpito che muove migliaia di cuori che fanno un unico cuore",[7] per intonare, direbbe Apollinaire, "il canto di tutto l'amore del mondo".[8]

All'area mitica della giovinezza, oltre all'espansione per cui Nietzsche scrive: "Il giovane viene spinto selvaggiamente nell'esistenza",[9] in quella bella continuità di speranze che, al dire di Conrad: "non conosce pause né introspezioni",[10] appartiene anche la figura dell'*assenza* che non è mancanza, ma tensione esplorativa, dinamica, immaginativa, fantastica. Se l'espansività è l'adesione incondizionata alla pienezza della vita, la sensazione che il reale, come dice Musil, "non esaurisce tutto il possibile",[11] spinge i giovani verso quegli universi alternativi alla realtà, perché, prima di essere reale, la vita deve essere fantasticata.

È la forma della *passione* che, diceva Stendhal, "non è

---

[5] G. Steiner, *After Babel* (1975); tr. it. *Dopo Babele*, Garzanti, Milano 1994, p. 121.

[6] Beatles, *I am the Walrus*, Northern Songs, 1967: "*I am he, as you are he, as you are me, and we are all together*".

[7] V. Aleixandre, *Il poeta canta per tutti* (1954), in *Poesia spagnola del Novecento*, Guanda, Parma 1961.

[8] G. Apollinaire, *Calligrammes* (1913-1918); tr. it. *Il canto d'amore*, in *Calligrammi*, Mondadori, Milano 1986.

[9] F. Nietzsche, *Die Geburt der Tragödie aus dem Geiste der Musik* (1872); tr. it. *La nascita della tragedia dallo spirito della musica*, in *Opere*, Adelphi, Milano 1972, vol. III, 1, p. 25.

[10] J. Conrad, *The Shadow Line* (1917); tr. it. *La linea d'ombra*, Einaudi, Torino 1949, p. 28.

[11] R. Musil, *Der Mann ohne Eigenschaften* (1930-1942); tr. it. *L'uomo senza qualità*, Einaudi, Torino 1957, p. 439.

cieca, ma visionaria"[12] e perciò "prende il vento dell'eventuale" (Breton),[13] "come il mare che è sempre qualcosa che ricomincia" (Sartre),[14] perché ogni giovane, come il Tonio Kröger di Thomas Mann, "è portato per mille modi d'esistenza".[15]

La passione per l'assenza inventa il *gioco*, come quel muoversi di qua e di là per non farsi risucchiare dalla monotona ripetizione del reale, inventa l'*utopia* per creare spazio a un'idea e, con la luce dell'ideale, illuminare lo spessore opaco del reale. L'utopia giovanile non è necessariamente una fuga nel sogno e neppure, all'altro estremo, una densa consistenza ideologica, ma un pensare con il cuore che immette nel pensiero una corrente di calore, perché, ce lo ricorda Dostoevskij, nel giovane "la logica è sempre fusa a un violento sentimento che si impadronisce di tutto l'essere"[16] e porta a "scardinare la mediocrità della vita di tutti i giorni e andare a far volare l'aquilone nel prato" (Brizzi),[17] perché l'utopia, come scrive Beck, "invoca l'immaginazione come soluzione".[18]

E poi il *viaggio* che per Elias Canetti è la metafora del "desiderio giovanile di varcare ogni confine".[19] "Dove andiamo," si legge in Kerouac, "non lo so, ma dobbiamo andare."[20] "Anche dall'altra parte della vita," scrive Céline,[21]

---

[12] STENDHAL, *De l'amour* (1822); tr. it. *L'amore*, Mondadori, Milano 1980, p. 89.
[13] A. BRETON, *L'anthologie de l'humour noir* (1943); tr. it. *La confessione sdegnosa*, in *Antologia dello humour nero*, Einaudi, Torino 1966, p. 61.
[14] J.-P. SARTRE, *Situations I, II, III, IV* (1947); tr. it. *Che cos'è la letteratura?*, il Saggiatore, Milano 1966, p. 282.
[15] TH. MANN, *Tonio Kröger* (1903); tr. it. *Tonio Kröger*, in *Racconti brevi*, Mondadori, Milano 1977, p. 77.
[16] F. DOSTOEVSKIJ, *Podrostok* (1876); tr. it. *L'adolescente*, Einaudi, Torino 1957, p. 63.
[17] E. BRIZZI, *Jack Frusciante è uscito dal gruppo*, Transeuropa, Massa 1994, p. 62.
[18] J. BECK, *Dieci canti per affrontare la rivoluzione*, in *L'altra America negli anni sessanta*, Arcana Editrice, Roma 1993, vol. II, p. 77.
[19] E. CANETTI, *Die Provinz der Menschen. Aufzeichnungen* (1942-1972, 1973); tr. it. *La provincia dell'uomo*, Adelphi, Milano 1978, p. 85.
[20] J. KEROUAC, *On the Road* (1957); tr. it. *Sulla strada*, Mondadori, Milano 1959, p. 72.
[21] L.-F. CÉLINE, *Voyage au bout de la nuit* (1932); tr. it. *Viaggio al termine della notte*, Mondadori, Milano 1959, p. 291.

come i bambini che, per scoprire, guardano gli oggetti che ricevono in regalo anche da dietro, anche dall'altra parte. Viaggiare, magari o soprattutto senza una meta, per il giovane vuol dire assorbire visi, parole, moltitudini, inghiottire l'universo per non morire di noia.

E poi, a fianco dell'utopia, la *sfida* per mettersi alla prova, per far nuovi tentativi, per commentare, lanciando una sfida, il mondo che stanno ereditando, prima che siano date le consegne. In ogni sfida giovanile c'è sempre un gesto ulteriore, una sorta di escursionismo simbolico, in cui traluce il desiderio di annaspare per qualcosa di diverso, qualcosa di meglio rispetto a quello che si è in procinto di ricevere. "Un abisso a mia disposizione? Grazie per l'occasione," scrive Paul Claudel.[22]

E oltre la pienezza espansiva e l'assenza che promuove la ricerca, al segreto della giovinezza appartiene la *trasformazione*, la missione creativa del cambiamento che Paul Valéry descrive come un "andare senza dèi verso la divinità".[23] È nella trasformazione, infatti, che il giovane valorizza i suoi maestri, semmai ne ha avuti, perché il passato è l'abbrivio del futuro.

In mezzo c'è la figura della *riappropriazione* di quanto, nello slancio della vita, si è depositato nel sottosuolo dell'anima, ma non si è estinto. La riappropriazione giovanile non è senza ribaltamento. "Mi avete fregato di nuovo," si legge nella *Lettera a una professoressa* della Scuola di Barbiana di don Lorenzo Milani. "Ma io sarò maestro e farò scuola meglio di voi."[24]

Il ribaltamento non è dissoluzione pantoclastica, non è azzeramento, ma, come dice il giovane protagonista di *Padri e figli*, è "sgombrare lo spazio",[25] rifiutare "i sorrisi col

---

[22] P. Claudel, *Ballata* (1915), in *Poesia francese del Novecento*, Bompiani, Milano 1985, p. 42.

[23] P. Valéry, *Cantico delle colonne* (1915), in *Poesia francese del Novecento*, cit., p. 108.

[24] Scuola di Barbiana, *Lettera a una professoressa* (1967), Libreria Editrice Fiorentina, Firenze 1996, p. 48.

[25] I.S. Turgenev, *Otcy i deti* (1862); tr. it. *Padri e figli*, Garzanti, Milano 1973, p. 164.

cuore piegato" (G. Corso),[26] ribellarsi alla morale quietista che "insegna alla gente ad accettare le calamità della vita" come si dice nel film *Mosquito Coast*.[27]

Il ribaltamento allude alla *ricostruzione*, che non consiste nel far vincere il contrario di ciò che è stato, perché, come ci ricorda Breton, "attaccare la morale è un altro modo di renderle omaggio",[28] ma consiste nel prendere consapevolezza che, come scrive Benjamin, "ogni giorno noi usiamo forze immense, come i dormienti. Ciò che noi facciamo e pensiamo è colmo dell'essere dei padri e degli avi".[29]

Dopo l'irruenza espansiva, dopo il vagabondare nell'assenza, dopo la passione che trasforma, i giovani prendono a scrutare nel proprio cuore e si svelano a se stessi. La *rivelazione di sé a sé*, che accompagna l'individuazione, è l'ultima costellazione del mito della giovinezza quando, come scrive Yeats, "si scruta dentro il cuore, perché è lì che sta crescendo l'albero sacro".[30]

È allora che comincia a declinarsi il "pronome riflessivo" (Kierkegaard)[31] con la voglia di andare oltre la soglia, fino al proprio centro. L'io cerca casa, ma la trova all'aperto, perché l'io non è una costruzione, ma una scoperta resa possibile da una danza che "danza verso la propria definizione" (Rukeyser),[32] che è poi quella che Hölderlin chiama "la grande ora".[33]

Proprio perché si è "infranta la propria fatalità" (Ar-

---

[26] G. Corso, *Variazione su una generazione*, in *Battuti & Beati*, Einaudi, Torino 1996, p. 124.

[27] P. Weir, *Mosquito Coast*, 1986.

[28] A. Breton, *La confessione sdegnosa*, cit., p. 65.

[29] W. Benjamin, *Metafisica della gioventù. Scritti 1910-1918*, Einaudi, Torino 1982, p. 66.

[30] W.B. Yeats, *The Two Trees* (1893); tr. it. *I due alberi*, in *L'opera poetica*, Mondadori, Milano 2005, p. 165.

[31] S. Kierkegaard, *Enten-Eller* (*Aut-Aut*) (1843); tr. it. *Enten-Eller*, Adelphi, Milano 1976-1989, vol. II, p. 88.

[32] M. Rukeyser, *Addormentata e desta* (1943), in *Poesia americana del Novecento*, Guanda, Parma 1963, p. 41.

[33] F. Hölderlin, *Hyperion oder der Eremit im Griechenland* (1797-1799); tr. it. *Iperione o l'eremita in Grecia*, Feltrinelli, Milano 1984, p. 37.

taud)[34] si può far prova della propria *vita*. Non nel senso, come si è soliti dire, che i giovani rappresentano il futuro perché un giorno diventeranno adulti. Niente di più falso. La loro età non è un *transito*. Il futuro è già ben descritto nel presente giovanile che, se può apparire aberrante, è solo perché noi adulti, consegnati alla nostra rassegnazione, quando non al cosiddetto "sano realismo", abbiamo svilito il segreto della giovinezza, che è quel dispositivo simbolico in cui sono già ben scritte e descritte le figure del futuro, che solo la nostra pigrizia mentale e affettiva ci impedisce di cogliere.

---

[34] A. ARTAUD, *Sul suicidio* (1945), in *Poesia francese del Novecento*, cit., p. 28.

Indice delle opere citate

AGOSTINO DI TAGASTE, *De vera religione* (389-391); tr. it. *La vera religione*, in *Il filosofo e la fede*, Rusconi, Milano 1989.
-, *Enarrationes in psalmos* (392), in *Corpus Christianorum Latinorum*, Turnhout 1954, vol. 39.
ALEIXANDRE, V., *Il poeta canta per tutti* (1954), in *Poesia spagnola del Novecento*, Guanda, Parma 1961.
AMATO, G., *Il terrorismo non è estirpato*, "la Repubblica", 28 maggio 2007.
AMBROGIO DI TREVIRI, *De virginitate*, in J.-P. MIGNE, *Patrologia latina* (1845-1855), vol. XVI, in *Patrologiæ cursus completus*, Paris 1845-1866.
ANDERS, G., *Die Antiquiertheit des Menschen*, I: *Über die Seele im Zeitalter der zweiten industriellen Revolution* (1956), II: *Über die Zerstörung des Lebens im Zeitalter der dritten industriellen Revolution* (1980); tr. it. *L'uomo è antiquato*, vol. I: *Considerazioni sull'anima nell'epoca della seconda rivoluzione industriale*, vol. II: *Sulla distruzione della vita nell'epoca della terza rivoluzione industriale*, Bollati Boringhieri, Torino 2003.
ANDREELLA, F., *Il corpo sospeso*, Il Cardo, Venezia 1994.
APOLLINAIRE, G., *Calligrammes* (1913-1918); tr. it. *Il canto d'amore*, in *Calligrammi*, Mondadori, Milano 1986.
ARISTOTELE, *Metafisica, Etica a Nicomaco, Poetica, Retorica*, in *Opere*, Laterza, Bari 1973.
ARTAUD, A., *Sul suicidio* (1945), in *Poesia francese del Novecento*, Bompiani, Milano 1996.
BALINT, M., *Primary Love and Psycho-analytic Technique* (1952); tr. it.

L'amore primario. Gli inesplorati confini tra biologia e psicoanalisi, Raffaello Cortina, Milano 1991.

BAUDRILLARD, J., *L'échange symbolique et la mort* (1976); tr. it. *Lo scambio simbolico e la morte*, Feltrinelli, Milano 1979.

–, *L'esprit du terrorisme* (2002); tr. it. *Lo spirito del terrorismo*, Raffaello Cortina, Milano 2002.

BECK, J., *Dieci canti per affrontare la rivoluzione*, in *L'altra America negli anni sessanta*, Arcana Editrice, Roma 1993.

BENASAYAG, M., SCHMIT, G., *Les passions tristes. Souffrance psychique et crise sociale* (2003); tr. it. *L'epoca delle passioni tristi*, Feltrinelli, Milano 2004.

BENJAMIN, W., *Metafisica della gioventù. Scritti 1910-1918*, Einaudi, Torino 1982.

BERMAN, A.L., JOBES, D.A., *Adolescent Suicide. Assessment and Intervention*, American Psychological Association, Washington 1991.

Biblia Sacra editio Monacorum Abbatiæ Pont. Sancti Hieronymi in Urbe OSB, Marietti, Casale Monferrato 1959; *Biblia Hebraica*, Kittel Stuttgart 1937; *Septuaginta*, Rahlfs, Stuttgart 1962: *Genesi, Libro secondo di Samuele, Salmi*.

BLASK, F., *Ich will spass* (1996); tr. it. *Q come caos. Un'etica dell'incoscienza per le nuove generazioni*, Marco Tropea, Milano 1997.

BLOCH, E., *Das Prinzip Hoffnung* (1954-1959); tr. it. *Il principio speranza*, Garzanti, Milano 1994.

BORGNA, E., *L'attesa e la speranza*, Feltrinelli, Milano 2005.

BRETON, A., *L'anthologie de l'humour noir* (1943); tr. it. *La confessione sdegnosa*, in *Antologia dello humour nero*, Einaudi, Torino 1966.

BRIZZI, E., *Jack Frusciante è uscito dal gruppo*, Transeuropa, Massa 1994.

BURROUGHS, W., *La scimmia nella schiena (Junkie)*, Rizzoli, Milano 1989.

CANCRINI, L., *Dialoghi con il figlio*, Editori Riuniti, Roma 1987.

CANETTI, E., *Die Provinz der Menschen. Aufzeichnungen* (1942-1972, 1973); tr. it. *La provincia dell'uomo*, Adelphi, Milano 1978.

CÉLINE, L.-F., *Voyage au bout de la nuit* (1932); tr. it. *Viaggio al termine della notte*, Mondadori, Milano 1959.

CLAUDEL, P., *Ballata* (1915), in *Poesia francese del Novecento*, cit.

CONRAD, J., *The Shadow Line* (1917); tr. it. *La linea d'ombra*, Einaudi, Torino 1949.

CORSO, G., *Variazione su una generazione*, in *Battuti & Beati*, Einaudi, Torino 1996.

DOSTOEVSKIJ, F., *Podrostok* (1876); tr. it. *L'adolescente*, Einaudi, Torino 1957.
EHRENBERG, A., *La fatigue d'être soi. Dépression et société* (1998); tr. it. *La fatica di essere se stessi. Depressione e società*, Einaudi, Torino 1999.
FOSCOLO, U., *Dei Sepolcri*, Bettoni, Brescia 1807.
FOUCAULT, M., *Naissance de la clinique. Une archéologie du regard médical* (1963); tr. it. *Nascita della clinica. Il ruolo della medicina nella costituzione delle scienze umane*, Einaudi, Torino 1969.
–, *Écrits* (1971-1977); tr. it. *Microfisica del potere*, Einaudi, Torino 1977.
FRANCESCO DI SALES, *Introduction à la vie dévote* (1609); tr. it. *Introduzione alla vita devota*, Ed. Paoline, Milano 1986.
FREUD, S., *Über Coca* (1884); tr. it. *Sulla coca*, in *La cocaina*, Spirali/Vel, Milano 1990.
–, *Beitrag zur Kenntniss der Cocawirkung* (1885); tr. it. *Un contributo alla ricognizione della coca*, in *La cocaina*, cit.
–, *Über die Allgemeinwirkung des Cocaïns* (1885); tr. it. *Sull'azione generale della cocaina*, in *La cocaina*, cit.
–, *Bemerkungen über Cocaïnsucht und Cocaïnfurcht* (1887); tr. it. *Annotazioni sulla cocainomania e sulla cocainofobia*, in *La cocaina*, cit.
–, *Zur Einleitung der Selbstmord-Diskussion. Schlusswort* (1910); tr. it. *Contributi a una discussione sul suicidio*, in *Opere*, Boringhieri, Torino 1967-1993, vol. VI.
–, *Vorlesungen zur Einführung in die Psychoanalyse* (1916); tr. it. *Introduzione alla psicoanalisi*, in *Opere*, cit., vol. VIII.
–, *Jenseits des Lustprinzips* (1920); tr. it. *Al di là del principio di piacere*, in *Opere*, cit., vol. IX.
–, *Massenpsychologie und Ich-Analyse* (1921); tr. it. *Psicologia delle masse e analisi dell'Io*, in *Opere*, cit., vol. IX.
–, *Das ökonomische Problem des Masochismus* (1924); tr. it. *Il problema economico del masochismo*, in *Opere*, cit., vol. X.
–, *Das Unglück in der Kuktur* (1929); tr. it. *Il disagio della civiltà*, in *Opere*, cit., vol. X.
–, *Neue Folge der Vorlesungen zur Einführung in die Psychoanalyse* (1932); tr. it. *Introduzione alla psicoanalisi (Nuova serie di lezioni)*, in *Opere*, cit., vol. XI.
GALIMBERTI, U., *Il tramonto dell'Occidente nella lettura di Heidegger e Jaspers* (1975-1984), Feltrinelli, Milano 2005.

–, *Psichiatria e fenomenologia* (1979), Feltrinelli, Milano 2006.
–, *Il corpo* (1983), Feltrinelli, Milano 2002.
–, *La terra senza il male. Jung dall'inconscio al simbolo* (1984), Feltrinelli, Milano 2001.
–, *Gli equivoci dell'anima* (1987), Feltrinelli, Milano 2001.
–, *Psiche e techne. L'uomo nell'età della tecnica*, Feltrinelli, Milano 1999.
–, *La casa di psiche. Dalla psicoanalisi alla pratica filosofica*, Feltrinelli, Milano 2005.
GARDNER, H., *The Unschooled Mind. How Children Think and how Schools Should Teach* (1991); tr. it. *Educare al comprendere*, Feltrinelli, Milano 1993.
GIOVANNI CRISOSTOMO, *De diabolo temptatore*, in J.-P. MIGNE, *Patrologia græca* (1857-1866), vol. LVIII, in *Patrologiæ cursus completus*, cit.
GOETHE, J.W., *Wilhelm Meister Lehrjahre* (1807-1829); tr. it. *Il noviziato di Guglielmo Meister*, in *Opere*, Sansoni, Firenze 1970, vol. III.
–, *Faust* (1831); tr. it. *Faust e Urfaust*, Feltrinelli, Milano 1987.
GOLEMAN, D., *Emotional Intelligence* (1995); tr. it. *Intelligenza emotiva*, Rizzoli, Milano 1996.
GORGIA, *Del non essere o della natura*, in DIELS-KRANZ, *Die Fragmente der Vorsokratiker* (1966); tr. it. *I presocratici. Testimonianze e frammenti*, Laterza, Bari 1983.
HEGEL, G.W.F., *Phänomenologie des Geistes* (1807); tr. it. *Fenomenologia dello spirito*, La Nuova Italia, Firenze 1963.
HEIDEGGER, M., *Sein und Zeit* (1927); tr. it. *Essere e tempo*, Utet, Torino 1978.
–, *Einführung in die Metaphysik* (1935-1953); tr. it. *Introduzione alla metafisica*, Mursia, Milano 1968.
–, *Nietzsche* (1936-1946, 1961); tr. it. *Nietzsche*, Adelphi, Milano 1994.
–, *Das Ding* (1950); tr. it. *La cosa*, in *Saggi e discorsi*, Mursia, Milano 1976.
–, *Zur Seinsfrage* (1955); tr. it. *La questione dell'essere*, in *Segnavia*, Adelphi, Milano 1987.
HÖLDERLIN, F., *Hyperion oder der Eremit im Griechenland* (1797-1799); tr. it. *Iperione o l'eremita in Grecia*, Feltrinelli, Milano 1984.
Inno della perla, tratto dagli *Atti di Tomaso*, in L. MORALDI, *Apocrifi del Nuovo Testamento*, Utet, Torino 1971, vol. II.
JANKÉLÉVITCH, V., *Philosophie première*, Puf, Paris 1954.
JEANNEAU, A., *Les risques de une époque ou le narcissisme du dehors*, Puf, Paris 1986.
JUNG, C.G., *Aion. Beiträge zur Symbolik des Selbst* (1951); tr. it. *Aion. Ri-

cerche sul simbolismo del Sé, in Opere, Boringhieri, Torino 1969-1993, vol. IX, 2.

KANT, I., *Kritik der praktischen Vernunft* (1788); tr. it. *Critica della ragion pratica*, Laterza, Bari 1955.

KEROUAC, J., *On the Road* (1957); tr. it. *Sulla strada*, Mondadori, Milano 1959.

KHANTZIAN, E., *The Self-Medication Hypothesis of Addictive Disorders: Focus on Heroin and Cocaine Dependence*, in "The American Journal of Psychiatry", n. 142, 11, novembre 1985.

KIERKEGAARD, S., *Joannes Climacus* (1841), in *Papirer*, a cura di N. THULSTRUP, København 1968-1970, vol. IV.

–, *Enten-Eller (Aut-Aut)* (1843); tr. it. *Enten-Eller*, Adelphi, Milano 1976-1989.

KOCH, J.A., *Die psychopathischen Minderwerigkeiten*, Maier, Ravensburg 1891.

KRAFT-EBING, R. VON, *Psychopathia sexualis* (1886); tr. it. *Psicopatia sessuale. Perversioni e anomalie*, Edizioni Mediterranee, Roma 1975.

KRAMER, P., *Listening to Prozac: A Psychiatrist Explores Antidepressant Drugs and the Remaking of the Self*, Penguin Books, New York 1993.

LACAN, J., *La direction de la cure et les principes de son pouvoir* (1961); tr. it. *La direzione della cura e i principi del suo potere*, in *Scritti*, Einaudi, Torino 1974, vol. II.

LODOLI, M., *Il silenzio dei miei studenti che non sanno più ragionare*, "la Repubblica", 4 ottobre 2002.

LOMBROSO, C., *L'uomo delinquente in rapporto all'antropologia, alla giurisprudenza e alle discipline carcerarie*, Hoepli, Milano 1876.

MANCUSO, M.S., *Le frecce dell'eroe. Le figure mitiche della giovinezza da Dioniso alla pubblicità dei jeans*, Franco Angeli, Milano 2005.

MANN, TH., *Tonio Kröger* (1903); tr. it. *Tonio Kröger*, in *Racconti brevi*, Mondadori, Milano 1977.

MARGARON, H., *Le stagioni degli dèi. Storia medica e sociale delle droghe*, Raffaello Cortina, Milano 2001.

MUSIL, R., *Der Mann ohne Eigenschaften* (1930-1942); tr. it. *L'uomo senza qualità*, Einaudi, Torino 1957.

NAIPAUL, V.S., *A Bend in the River* (1979); tr. it. *Alla curva del fiume*, Adelphi, Milano 1982.

NIETZSCHE, F., *Die Geburt der Tragödie aus dem Geiste der Musik* (1872);

tr. it. *La nascita della tragedia dallo spirito della musica*, in *Opere*, Adelphi, Milano 1972, vol. III, 1.

–, *Die fröhliche Wissenschaft* (1882); tr. it. *La gaia scienza*, in *Opere*, cit., 1965, vol. V, 2.

–, *Also sprach Zarathustra. Ein Buch für Alle und Keinen* (1883-1885); tr. it. *Così parlò Zarathustra. Un libro per tutti e per nessuno*, in *Opere*, cit., 1968, vol. VI, 1.

–, *Nachgelassene Fragmente 1885-1887*; tr. it. *Frammenti postumi 1885-1887*, in *Opere*, cit., 1975, vol. VIII, 1.

–, *Zur Genealogie der Moral. Eine Streitschrift* (1887); tr. it. *Genealogia della morale. Uno scritto polemico*, in *Opere*, cit., 1968, vol. VI, 2.

–, *Nachgelassene Fragmente 1887-1888*; tr. it. *Frammenti postumi 1887-1888*, in *Opere*, cit., 1971, vol. VIII, 2.

–, *Nachgelassene Fragmente 1888-1889*; tr. it. *Frammenti postumi 1888-1889*, in *Opere*, cit., 1974, vol. VIII, 3.

–, *Götzendämmerung, oder Wie man mit Hammer philosophiert* (1889); tr. it. *Crepuscolo degli idoli, ovvero: come si filosofa col martello*, in *Opere*, cit., 1970, vol. VI, 3.

–, *Der Antichrist. Fluch auf das Christentum* (1889); tr. it. *L'anticristo. Maledizione del cristianesimo*, in *Opere*, cit., 1970, vol. VI, 3.

NOICA, C., *Şase maledii ale spiritului contemporan* (1978); tr. it. *Sei malattie dello spirito contemporaneo*, il Mulino, Bologna 1993.

OLIVERIO FERRARIS, A., *La forza d'animo*, Rizzoli, Milano 2003.

PAOLO DI TARSO, *Prima Lettera ai Corinti*, in *Biblia Sacra*, cit.

PASCAL, B., *Pensées* (1657-1662, prima edizione 1670); tr. it. *Pensieri*, Rusconi, Milano 1993.

PASOLINI, P.P., *Ragazzi di vita*, Garzanti, Milano 1955.

PISTOLINI, S., *Gli sprecati. I turbamenti della nuova gioventù*, Feltrinelli, Milano 1995.

PLATONE, *Filebo, Fedro, Gorgia, Repubblica, Leggi*, in *Tutti gli scritti*, Rusconi, Milano 1991.

ROSSANDA, R., *Emergenza: soluzione politica o amnistia*, "il manifesto", 16 novembre 1983.

RUKEYSER, M., *Addormentata e desta* (1943), in *Poesia americana del Novecento*, Guanda, Parma 1963.

SAINT-EXUPÉRY, A. DE, *Le petit prince* (1941); tr. it. *Il piccolo principe*, Bompiani, Milano 1995.

SARTRE, J.-P., *L'être et le néant* (1943); tr. it. *L'essere e il nulla*, il Saggiatore, Milano 1966.
–, *Situations I, II, III, IV* (1947); tr. it. *Che cos'è la letteratura?*, il Saggiatore, Milano 1966.
SAUNDERS, N., *Ecstasy and the Dance Culture* (1995); tr. it. *E come Ecstasy*, Feltrinelli, Milano 1995.
SCALFARI, E., *Alla ricerca della morale perduta*, Rizzoli, Milano 1995.
SCHELER, M., *Über Scham und Shamgefuhl* (1933, edizione postuma); tr. it. *Pudore e sentimento del pudore*, Guida, Napoli 1979.
SCHNEIDER, K., *Die psychopathischen Persönlichkeiten*, Deutliche, Wien 1950.
SCUOLA DI BARBIANA, *Lettera a una professoressa* (1967), Libreria Editrice Fiorentina, Firenze 1996.
SENECA, L.A., *Ad Lucilium de providentia*; tr. it. *La provvidenza*, in *Tutti gli scritti*, Rusconi, Milano 1994.
SEVERINO, E., *Il parricidio mancato*, Adelphi, Milano 1985.
SINI, C., *L'incanto del ritmo*, Tranchida, Milano 1993.
SISSA, G., *Le plaisir et le mal. Philosophie de la drogue* (1997); tr. it. *Sesso, droga e filosofia*, Feltrinelli, Milano 1999.
SPINOZA, B., *Ethica ordine geometrico demonstrata* (1665, edita postuma nel 1677); tr. it. *Etica dimostrata secondo l'ordine geometrico*, Boringhieri, Torino 1959.
STARNONE, D., *Solo se interrogato. Appunti sulla maleducazione di un insegnante volenteroso*, Feltrinelli, Milano 1995.
STEINER, G., *After Babel* (1975); tr. it. *Dopo Babele*, Garzanti, Milano 1994.
STENDHAL, *De l'amour* (1822); tr. it. *L'amore*, Mondadori, Milano 1980.
SZASZ, TH., *Cerimonial Chemistry* (1974); tr. it. *Il mito della droga. La persecuzione rituale delle droghe, dei drogati e degli spacciatori*, Feltrinelli, Milano 1977.
TESAURO, E., *Il cannocchiale aristotelico, o sia, l'idea dell'arguta e ingeniosa elocutione, che serve a tutta l'Arte oratoria, lapidaria, et simbolica* (1663), ed. in Venezia 1678.
TESTONI, I., *Psicologia del nichilismo. La tossicodipendenza come rimedio*, Franco Angeli, Milano 1997.
TONINI, E., Dichiarazione rilasciata a "la Repubblica" il 14 luglio 2000.
TREVI, M., *Ombra: metafora e simbolo* (1982), in *Metafore del simbolo*, Raffaello Cortina, Milano 1986.
TURGENEV, I.S., *Orty i deti* (1862); tr. it. *Padri e figli*, Garzanti, Milano 1973.

Vachss, A., *Blue Belle*, Mondadori, Milano 1993.
Valéry, P., *Cantico delle colonne* (1915), in *Poesia francese del Novecento*, cit.
Veda mantramañjari (a cura di Raimon Panikkar), Rizzoli, Milano 2001.
Vidyaranya, *La liberazione in vita (Jivanmuktiviveka)*, Adelphi, Milano 1995.
Volpi, F., *Il nichilismo*, Laterza, Bari 2004.
Welsh, I., *Trainspotting* (1993); tr. it. *Trainspotting*, Guanda, Parma 2004.
Yeats, W.B., *The Two Trees* (1893); tr. it. *I due alberi*, in *L'opera poetica*, Mondadori, Milano 2005.
Zoja, L., *Nascere non basta. Iniziazione e tossicodipendenza*, Raffaello Cortina, Milano 1985.

Indice degli autori

Agostino di Tagaste 60, 150, 157
Aleixandre, Vicente 165
Amato, Giuliano 123
Ambrogio di Treviri 157
Anders, Günther 13
Andreella, Fabrizio 159
Apollinaire, Guillaume 165
Aristotele 34, 36, 43, *44*, 68
Artaud, Antonin 168, 169

Balint, Michael 45
Baudrillard, Jean 124, *125*
Beck, Julian 166
Benasayag, Miguel 25
Benjamin, Walter 168
Berman, A.L. *104*
Blask, Falko 130, *131*, 132, 134
Bloch, Ernst 141, 151
Borgna, Eugenio 146, 148
Boyle, Danny *70*
Breton, André 166, 168
Brizzi, Enrico 166
Burroughs, William 70

Cancrini, Luigi 37
Canetti, Elias 166
Cartesio (René Descartes) 88
Céline, Louis-Ferdinand 166
Claudel, Paul 167
Conrad, Joseph 165
Corso, Gregory 168

Cuva, Aldo 107, *114*

Diels, Hermann *17*
Dostoevskij, Fëdor 166

Ehrenberg, Alain 81
Euripide 149

Foscolo, Ugo 36
Foucault, Michel 86, *157*
Francesco di Sales 158
Freud, Sigmund 27, 31, 67, 68, 70, 71, 82, 105, 138

Galilei, Galileo 22
Gardner, Howard 33
Gehlen, Arnold 20
Giovanni Crisostomo 157
Goethe, Johann Wolfgang 12, 22, 67, 143
Goleman, Daniel 47, *48*
Gorgia 17

Hegel, Georg Wilhelm Friedrich 66, 136, 150, 151
Heidegger, Martin 9, 17, 19, 20, 26, 66
Hölderlin, Friedrich 168

Jankélévitch, Vladimir 150
Jeanneau, Augustin 84

Jobes, David A. *104*
Jung, Carl Gustav *54*
Junger, Ernst 20
Kant, Immanuel 144
Kerouac, Jack 166
Khantzian, Edward 69
Kierkegaard, Søren 155, 168
Koch, Joseph Anton 131
Kojève, Alexandre 20
Kraft-Ebing, Richard von 131
Kramer, Peter 69
Kranz, Walter *17*

Lacan, Jacques 66
Leibniz, Gottfried Wilhelm 150
Leopardi, Giacomo 100
Levi, Primo 100
Lodoli, Marco 98, *99*
Lombroso, Cesare 132

Mancuso, Maurizio Stefano 163
Mann, Thomas 166
Margaron, Henri 65
Marx, Karl 26, 136
Migne, Jacques-Paul *157*
Milani, Lorenzo 167
Moraldi, Luigi *161*
Musil, Robert 165

Naipaul, Vidiadhar Surajprasad 84
Newton, Isaac 22
Nietzsche, Friedrich 9, 11, 12, 15, 16, 18-20, 26, 27, 55, 56, 60, 85, 123, 125, 141, 142, 145, *146*, 153, 154, 156, 163, 165
Noica, Costantin 22

Oliverio Ferraris, Anna *53*

Paolo di Tarso 36
Pascal, Blaise 50
Pasolini, Pier Paolo 129
Petrarca, Francesco 100
Pirandello, Luigi 100

Pistolini, Stefano 127, 128
Platone 15, 53, 65, 66, 68-71, 149-151, 156
Plotino 150

Rossanda, Rossana 123
Rukeyser, Muriel 168

Saint-Exupéry, Antoine de 43
Sartre, Jean-Paul 58, 166
Saunders, Nicholas 75
Scalfari, Eugenio 47
Scheler, Max 57
Schmit, Gérard 25
Schmitt, Carl 20
Schneider, Kurt 131
Schopenhauer, Arthur 150
Seneca, Lucio Anneo 97
Severino, Emanuele 20, 154
Sini, Carlo 149, 152
Sissa, Giulia 71
Spinoza, Baruch 28
Starnone, Domenico 37, *38*
Steiner, George 165
Stendhal (Beyle, Henry) 165, *166*
Szasz, Thomas 89

Tesauro, Emanuele 156
Testoni, Ines *11*
Tolstoj, Lev 150
Tonini, Ersilio 61
Trevi, Mario *54*
Turgenev, Ivan Sergeevič 20, *167*

Vachss, Andrew 132
Valéry, Paul 167
Vidyaranya 78, 79
Volpi, Franco 17, 141, 142

Weir, Peter *168*
Welsh, Irvine 72

Yeats, William Butler 168

Zoja, Luigi 94, *95*

Indice

11	Introduzione
15	1. Il nichilismo e la svalutazione di tutti i valori
15	1. Il decentramento dell'universo
17	2. Il disincanto del mondo
18	3. Il tramonto della cultura occidentale
20	4. La razionalità della tecnica e l'implosione del senso
22	5. Le malattie dello spirito
25	2. L'epoca delle passioni tristi
25	1. Il futuro come promessa
27	2. Il futuro come minaccia
31	3. Il disinteresse della scuola
31	1. La costruzione dell'autostima
33	2. L'identità e il riconoscimento
35	3. L'oggettivazione della soggettività
36	4. Il mito della buona volontà
38	5. L'educazione del cuore
39	6. La formazione dei professori
40	7. Il bullismo degli studenti
41	8. Che fare?
43	4. L'analfabetismo emotivo
43	1. L'alfabeto emotivo

45	2. La fiducia di base
47	3. L'educazione emotiva
49	4. L'inaridimento del cuore
50	5. Il deserto emotivo
53	6. La forza d'animo
57	**5. La pubblicizzazione dell'intimità**
57	1. La neutralizzazione della differenza tra interiorità ed esteriorità
59	2. La matrice religiosa della spudoratezza
61	3. L'omologazione dell'interiorità
65	**6. La seduzione della droga**
65	1. Il nichilismo sotteso alla droga
72	2. Eroina: l'anestesia della droga "sporca"
74	3. Ecstasy: l'euforia della droga "pulita"
80	4. Cocaina: l'eccitazione della droga "stimolante"
86	5. Drogati e spacciatori: due pesi e due misure
91	6. Per una cultura della droga
97	**7. Il gesto estremo**
97	1. Il gesto omicida
101	2. Il gesto suicida
107	**8. I ragazzi del cavalcavia e l'insensatezza nichilista**
107	1. L'angoscia dell'inquietante e la maledizione
111	2. La lettera
114	3. Le teste vuote e la suonatrice d'arpa
117	4. L'incontro: "Io sono come tutti"
123	**9. Le generazioni nichiliste**
123	1. La generazione del pugno chiuso
127	2. La "generazione x" degli indifferenti
130	3. La "generazione q" dal basso quoziente intellettivo ed emotivo
135	4. Il silenzio degli squatter
137	5. I ragazzi dello stadio e la violenza nichilista

141	10. Oltre il nichilismo
141	1. La vita come sperimentazione
146	2. L'attesa e la speranza
149	11. La musica giovanile e il ritmo del cuore
149	1. La musica giovanile e l'urto dell'inquietante
152	2. La cadenza del ritmo
156	3. La danza e la liberazione del corpo
163	12. Il segreto della giovinezza. Per un risveglio della simbolica giovanile
171	Indice delle opere citate
179	Indice degli autori

*Stampa Grafica Sipiel
Milano, febbraio 2008*